Elogio a
Capacitación de profesionales idóneos en desarrollo juvenil: E-QYP

La guía Capacitación de Profesionale... 'P, por sus siglas en inglés) tiende un puente ... .o de las ideas al mundo de los actos, y brinda una l... .nda para trabajar con la juventud fomentando la participación y .anosas actividades que promueven un desarrollo juvenil positivo. Considero que E-QYP es ideal para llevar a la práctica el mundo de la teoría.

Muchas personas que trabajan con jóvenes tienen "buena voluntad", pero no conocen demasiado acerca de las "buenas prácticas" para hacerlo. E-QYP les brinda una enseñanza sobre la ciencia sólida de desarrollo infantil y juvenil para luego guiarlos hasta alcanzar prácticas eficaces.

Jay A. Mancini, PhD, Haltiwanger profesor distinguido de desarrollo humano y ciencias de la familia y director del laboratorio de resiliencia familiar y comunitaria, Universidad de Georgia

Después de haber trabajado con niños y adolescentes durante más de veinte años, me alegra poder contar con una guía de referencia accesible y basada en la investigación para analizar características, estrategias y recursos APROPIADOS para cada edad. He descubierto que E-QYP es una valiosa herramienta en mi trabajo como terapeuta, así como también en mi cargo actual de director de capacitación de la división de servicios de justicia para menores del estado. Asumiendo la responsabilidad de capacitar a más de mil empleados y administradores de causas que trabajan con jóvenes en centros de detención de cuidado seguro y centros de servicios juveniles a nivel estatal, he utilizado la guía E-QYP en presentaciones de capacitación y en entornos específicos. E-QYP nos demuestra que los materiales basados en la investigación pueden resultar visualmente atractivos y de fácil comprensión.

Carol Voorhees, LCSW[1], directora de capacitación, división de servicios de justicia para menores de Utah

---

[1] LCSW significa *Licensed Clinical Social Worker* (Trabajadora Social Clínica con Licencia)

La guía E-QYP se basa en la investigación y es un gran recurso en materia de desarrollo infantil para profesionales especializados en cuidados infantiles y juveniles, terapeutas, orientadores, asesores, maestros, familias de acogida y demás profesionales que brindan servicios de bienestar infantil, residenciales, basados en la comunidad, de salud mental, educativos y comunitarios/ recreativos. E-QYP ubica los contenidos fundamentales sobre desarrollo infantil y juvenil al alcance de estudiantes, voluntarios y profesionales, permitiendo así un fácil y rápido acceso a una amplia gama de información y enfoques prácticos.

Lloyd Bullard, MEd, Director Ejecutivo, LB International Consulting, LLC, Sandy Spring, Georgia

E-QYP es una guía documentada y me agrada la forma en que se le presenta la información al lector. En particular, aprecio su énfasis en la importancia de fomentar la participación cooperativa de los niños y ayudarlos a desarrollar una independencia apropiada para su edad y capacidades de resolución de problemas en cada etapa del desarrollo.

Zach Lehman, McLean, Virginia

He utilizado la aplicación E-QYP por algunos meses y he descubierto que es una herramienta útil y dinámica. En mi trabajo como psicólogo, he compartido esta aplicación con otros colegas dentro del sistema educativo, y ellos opinan lo mismo que yo. Al trabajar juntos como equipo para evaluar y motivar la intervención en los niños, esta herramienta es una de las primeras a las que recurrimos. Las actividades infantiles sugeridas para todas las edades nos ayudan a idear formas de intervención/estrategias que podemos implementar con nuestros alumnos e incluso recomendarles a los padres. Es, sin duda, una herramienta que no quiero perder. Les agradezco por haberla compartido conmigo.

Beverly Hammonds-Bolds, SSP[2], Psicólogo escolar, Charlotte-Mecklenburg Schools, North Carolina

---

[2]   SSP significa *Specialist in School Psychology* (Especialista en Psicología Educativa)

CAPACITACIÓN DE PROFESIONALES IDÓNEOS EN DESARROLLO JUVENIL

Mejorando las experiencias de los programas para niños y adolescentes

WILLIAM B. KEARNEY

Prólogo de William H. Quinn, PhD,
y Robert J. Barcelona, PhD

iUniverse LLC
Bloomington

CAPACITACIÓN DE PROFESIONALES IDÓNEOS EN DESARROLLO JUVENIL MEJORANDO LAS EXPERIENCIAS DE LOS PROGRAMAS PARA NIÑOS Y ADOLESCENTES

Puede hacer pedidos de libros de iUniverse en librerías o poniéndose en contacto con:

iUniverse
1663 Liberty Drive
Bloomington, IN 47403
www.iuniverse.com
1-800-Authors (1-800-288-4677)

Debido a la naturaleza dinámica de Internet, cualquier dirección web o enlace contenido en este libro puede haber cambiado desde su publicación y puede que ya no sea válido. Las opiniones expresadas en esta obra son exclusivamente del autor y no reflejan necesariamente las opiniones del editor quien, por este medio, renuncia a cualquier responsabilidad sobre ellas.

Las personas que aparecen en las imágenes de archivo proporcionadas por Thinkstock son modelos. Este tipo de imágenes se utilizan únicamente con fines ilustrativos. Ciertas imágenes de archivo © Thinkstock.

ISBN: 978-1-4917-3498-8 (tapa blanda)
ISBN: 978-1-4917-3499-5 (tapa dura)
ISBN: 978-1-4917-3500-8 (libro electrónico)

Numero de la Libreria del Congreso: 2014908757

Impreso en los Estados Unidos de América.

Fecha de revisión de iUniverse: 05/09/2014

Este libro está dedicado a todos (personas, organizaciones y comunidades) los que desean brindarles experiencias y actividades apropiadas para cada edad desde el punto de vista del desarrollo a niños y adolescentes.

Un agradecimiento especial a Beatriz Aguirre-Kearney, cuyo amor, apoyo y orientación me han inspirado más allá de mis límites, tanto a nivel personal como profesional.

Una especial dedicación a Félix Aguirre Ruiz, (1930-2014), mi suegro que estaba muy orgulloso de ver una versión en español de este libro.

Siempre hay un momento en la infancia en el que se abre una puerta y deja entrar al futuro.

Graham Greene (1904–1991), NOVELISTA
INGLÉS, DE EL PODER Y LA GLORIA (1940)

TABLA DE CONTENIDOS

PRÓLOGO

Dado que el campo del desarrollo juvenil positivo surgió como alternativa importante a los enfoques basados en los problemas del trabajo con adolescentes, se presentó la necesidad de mejorar la capacitación y el desarrollo de profesionales adultos que trabajan con los jóvenes A principios de los noventa, La empresa Carnegie Corporation destacó que los "adultos que trabajan con adolescentes en sus sistemas, ya sea como voluntarios o empleados, son el factor clave del éxito o fracaso de los programas, pero no reciben capacitación adecuada, apoyo, supervisión constante ni reconocimiento público.[1] Luego de dos décadas, los expertos en la materia aún hablan sobre la importancia de brindar oportunidades más accesibles de educación y capacitación en desarrollo juvenil, en especial a medida que la relación que existe entre una fuerza de trabajo de alta calidad y programas juveniles de primer nivel para se vuelve más clara.[2]

También se está poniendo en evidencia que los profesionales que trabajan con jóvenes están interesados en recibir una mayor y mejor capacitación, recursos e ideas para sustentar su trabajo. Un número creciente de organizaciones intermediarias y nacionales les ofrecen capacitación y les brindan apoyo a los profesionales. Organizaciones como *National After School Association* [Asociación Nacional de Programas Extracurriculares], *National Institute on Out-of-School Time* [Instituto Nacional para el tiempo fuera de la Escuela], *National Collaboration for Youth* [Colaboración Nacional para la Juventud], y *Academy for Competent Youth Work* [Academia para el Trabajo Competente con

---

[1] *A Matter of Time: Risk and Opportunity in the Nonschool Hours*, (Washington DC: Carnegie Council on Adolescent Development, 1992), 87.

[2] Lynn Borden, Gabriel Schlomer, and Christine Wiggs, "The Evolving Role of Youth Workers," *Journal of Youth Development*, 6, no.3 (2011): 126-138.

la Juventud], entre otras, ofrecen capacitación, recursos e información para profesionales expertos en el trabajo con jóvenes. Un mercado con mayores exigencias desde el punto de vista educativo también ha respondido a esta creciente demanda. Desde el año 2008, la cantidad de escuelas y universidades que ofrecen especializaciones y programas con reconocimiento de créditos centrados en el trabajo con adolescentes ha aumentado el 900 por ciento.[3]

La revolución digital y en línea ha brindado innumerables oportunidades de acceder a programas de capacitación formal, acreditación y educación. El título de grado y la maestría en liderazgo de desarrollo juvenil otorgado por la universidad Clemson han sentado las bases de este movimiento desde sus comienzos en el año 2006. El programa completo en línea abrió las puertas a la educación formal de grado en desarrollo juvenil para profesionales especializados en la materia y aspirantes a líderes, independientemente de su lugar de residencia y trabajo. Desde que se inició el programa, los profesionales en desarrollo juvenil se han inscripto a nuestras clases para vincularse más profundamente y aplicar los conocimientos que dan sustento a su trabajo. Muchas de las organizaciones intermediarias nacionales mencionadas anteriormente también les ofrecen oportunidades de capacitación y acreditación en línea a aquellas personas que puedan acceder a ellas.

Independientemente de lo valiosas que puedan resultar estas oportunidades de educación y capacitación formal para brindar una plataforma de conocimientos y experiencia en desarrollo juvenil, aún existe la necesidad de ofrecerles información y recursos de bajo costo y fácil acceso, sólidos desde el punto de vista científico y basados en la práctica a profesionales especializados en el trabajo con adolescentes. Ingrese a E-QYP, una aplicación innovadora para dispositivos móviles como tabletas y teléfonos inteligentes que satisface todas estas necesidades, y que se encuentra un paso más allá. E-QYP es la única

---

[3]   Dana Fusco, Advancing Youth Work: Current Trends, Critical Questions (New York: Routledge, 2011.)

aplicación de desarrollo juvenil disponible en el mercado que les brinda actividades y recursos en tiempo real a los profesionales, que concuerdan con las necesidades de crecimiento y desarrollo. Los recursos de E-QYP están organizados por dominios de desarrollo y edad, incluidas áreas físicas, cognitivas, sociales y emocionales. Lo que hace de E-QYP una herramienta tan valiosa es el hecho de que tiende un puente que permite acercar la teoría de desarrollo juvenil a la práctica, al ofrecer contenidos científicamente validados con actividades y recursos accesibles para los profesionales. Lo que hace de E-QYP una herramienta tan innovadora es su capacidad de aprovechar al máximo la tecnología móvil de vanguardia utilizada por los profesionales especializados en el trabajo con adolescentes para brindar contenidos relevantes y aplicables a la mayoría de los ámbitos de programas juveniles. La reciente introducción de la guía *capacitación de profesionales idóneos en desarrollo juvenil* lo hace mucho más accesible para los profesionales que desean interactuar con los contenidos en formato impreso.

En la universidad Clemson, podemos apreciar que el rol de E-QYP en el desarrollo del trabajo con adolescentes se manifiesta por lo menos de tres maneras. En primer lugar, E-QYP puede utilizarse como un recurso autónomo para profesionales y voluntarios que participan en actividades y programas de apoyo para niños y adolescentes. Las actividades y los recursos son prácticos, atractivos para los jóvenes, fáciles de implementar y se basan en la ciencia lógica del desarrollo. En segundo lugar, los contenidos y el marco de referencia de E-QYP pueden utilizarse como plataforma para construir programas de capacitación personalizados específicos para las agencias sobre desarrollo infantil y juvenil, e implementar programas juveniles basados en los resultados y actividades apropiadas desde el punto de vista del desarrollo. El bajo costo unitario de E-QYP puede acomodarse fácilmente en la mayoría de los presupuestos individuales o empresariales. Por último, E-QYP puede utilizarse como complemento de programas de desarrollo profesional y capacitación existentes. Puede emplearse como un recurso electrónico o como libro de texto para cursos relacionados con el crecimiento y el desarrollo infantil, el diseño de programas juveniles, o facilitación y liderazgo de actividades. La cantidad de usos de esta herramienta crecerá sin duda a medida que E-QYP continúe insertándose en el mercado del desarrollo juvenil.

La universidad Clemson se enorgullece de su compromiso con E-QYP. Utilizamos esta innovadora herramienta como parte de nuestro programa de grado en liderazgo de desarrollo juvenil, y nuestros estudiantes la han evaluado en el campo en sus diversos ámbitos de trabajo. Sus opiniones han sido sumamente positivas. Como profesionales expertos en la materia, creemos que E-QYP tiene la capacidad de mejorar de manera significativa la práctica de desarrollo juvenil al reforzar los conocimientos de la teoría del desarrollo juvenil y la ciencia evolutiva.

Bob Barcelona, PhD
Profesor adjunto, liderazgo de desarrollo juvenil

William Quinn, PhD
Profesor y coordinador, liderazgo de desarrollo juvenil
Universidad Clemson

PREFACIO

Hace algunos años, una de mis sobrinas me llamó, muy entusiasmada. Recién había regresado a casa de la universidad para pasar el verano y se había dirigido a un centro local para jóvenes para ver si ofrecían empleos de verano. Los empleados le pidieron que se presentara el lunes siguiente para comenzar a trabajar. Fue así entonces que ese mismo lunes, por la noche, me llamó desesperada. Le habían asignado un grupo de veinte adolescentes y le habían pedido que los mantuviera ocupados durante el verano. Estaba muy asustada; no tenía idea de cómo iba a ocupar treinta y cinco horas semanales y temía dar un paso atrás. No le brindaron ningún tipo de capacitación, orientación, tiempos de planificación ni recursos. Le sugerí bastantes ideas y actividades para pasar la primera semana, y le dije que podríamos encontrarnos el fin de semana siguiente para analizar recursos y programas que yo había desarrollado o que conocía bien después de tantos años de trabajo con programas juveniles.

Durante nuestra conversación, sentí que era importante compartir no sólo *los programas* y actividades que ella podía implementar, sino también *la forma* de trabajar con adolescentes. Hablamos sobre las necesidades e intereses de los adolescentes y sobre cómo impartirle un tono de orientación a su trabajo. Un par de horas juntos le sirvieron para sentirse más cómoda con su trabajo de verano, por lo menos lo suficiente como para no renunciar.

Desafortunadamente, esta no es una historia aislada. Durante los últimos treinta y seis años de trabajo con programas locales y federales para niños y adolescentes en entidades públicas, privadas y sin fines de lucro, he contemplado más de mil programas infantiles y juveniles. He liderado procesos de planificación estratégica para más de sesenta organizaciones y he participado en conferencias durante décadas con líderes de agencias. Se desarrollan planes críticos y se comparten conceptos nuevos e innovadores con estos líderes. Sin embargo, Al visitar sedes de distintos programas, veo repetirse con frecuencia el mismo escenario, una y otra vez. Voluntarios con buenas intenciones y nuevos empleados entusiastas desean trabajar con adolescentes y aportarles algo valioso a sus vidas, pero no obtienen la capacitación, el apoyo o los recursos necesarios para lograrlo. Carecen de los conocimientos necesarios sobre desarrollo infantil y juvenil, y desconocen la forma de aplicación de estos principios al trabajar con adolescentes. Es muy frecuente que las organizaciones no cuenten con los presupuestos y recursos necesarios para brindarles el nivel de capacitación y práctica requerido en materia de desarrollo infantil y juvenil a los nuevos empleados y voluntarios.

Como resultado, hace dos años nuestra empresa comenzó a centrarse en el desarrollo de programas de capacitación personalizados basados en la web para voluntarios y profesionales especializados en desarrollo juvenil. Mi hijo no dejaba de preguntarme la razón por la cual no brindábamos respuestas, soluciones y recursos a través de la tecnología móvil. Después de negarme un par de veces, comprendí los beneficios de ofrecer conceptos teóricos e información práctica mediante una aplicación móvil. Así nació E-QYP, la aplicación, que facilitó el acceso a respuestas, soluciones y recursos en su contexto adecuado. Luego, gracias al estímulo de mi quiero amigo Jay Mancini, PhD, conceptualizamos este libro. Jay consideró que los contenidos de la aplicación eran un asombroso complemento práctico para los libros de texto académicos sobre desarrollo infantil y juvenil.

Aunque la guía *capacitación de profesionales idóneos en desarrollo juvenil* y la aplicación E-QYP se desarrollaron para brindar apoyo a voluntarios y empleados, también actúan como poderosos recursos en todos los ámbitos de una organización. Los supervisores pueden utilizar la información para capacitar a empleados y voluntarios y guiarlos en dirección a interacciones apropiadas entre empleados y niños y programas y actividades adecuadas desde el punto de vista de la edad y el desarrollo. Pueden utilizarse temas para sesiones de capacitación de quince minutos de duración antes de dar inicio a los programas. El libro y la aplicación también constituyen un gran complemento de libros de texto académicos, y brindan aplicaciones de fácil acceso de teorías de desarrollo infantil y juvenil. Por último, *Capacitación de profesionales idóneos en desarrollo juvenil* centra el desarrollo infantil y juvenil en toda una comunidad cuando es adoptado como recurso común por diversas organizaciones y profesionales.

AGRADECIMIENTOS

La investigación y el desarrollo de los contenidos de E-QYP se completaron con la revisión y el apoyo de Beatriz Aguirre-Kearney.

A fin de brindar una perspectiva entre PARES, cuatro profesionales especializados en desarrollo infantil y juvenil revisaron y dieron su opinión sobre el material: Beverly Bolds-Hammonds, Charlotte, carolina del norte; Lloyd Bullard, Sandy Spring, Georgia; Mary Mattern, Cumming, Georgia; y Sean O'Hare, Quantico, Virginia.

Jay A. Mancini, PhD, Haltiwanger *profesor distinguido de desarrollo humano y ciencias DE LA FAMILIA y director del laboratorio de resiliencia familiar y comunitaria, Universidad de Georgia*, aportó una orientación y un estímulo inconmensurables respecto del desarrollo de E-QYP.

Nancy L. Hollett, PhD, y Melissa Landers-Potts, PhD, Colegio de Ciencias de la Familia y el Consumidor, Departamento de Desarrollo Humano y Ciencias de la Familia, Universidad of Georgia, realizó una revisión académica de los contenidos narrativos de E-QYP. La revisión académica confirmó que la teoría y la investigación científica actuales estaban representadas con precisión en las secciones referidas a ejemplos de actividades, aplicaciones y características del desarrollo.

Joellen Talbot, Silver Spring, Maryland, revisó y editó los contenidos narrativos de E-QYP. Joe Redman Y Marcos Rivas crearon Las ilustraciones personalizadas y procesaron las fotografías que se incluyen e E-QYP. Los servicios de traducción fueron prestados por *Language Institute of Atlanta*.

William Quinn, PhD; Robert Barcelona, PhD; y sus colegas del programa de liderazgo de desarrollo juvenil de la universidad Clemson han brindado su apoyo a E-QYP. Han creado oportunidades para que los estudiantes puedan aplicar los contenidos de E-QYP a una amplia gama de programas locales para jóvenes a nivel nacional, reafirmando y brindado opiniones inestimables para los usos y los posibles impactos de E-QYP.

INTRODUCCIÓN

En algún momento de la vida, muchos adultos trabajan con adolescentes como voluntarios o empleados en diversos ámbitos. Algunos trabajan como voluntarios en la iglesia, entrenadores de deportes, o en alguna de las tantas organizaciones infantiles y juveniles basadas en la comunidad en diversos lugares del país. Otros se desempeñan como encargados a tiempo completo, a tiempo parcial, de guardia o por temporada, quizás para algún programa que ofrezca campamentos de verano, programas nocturnos/extracurriculares o servicios más específicos.

Para trabajar con éxito como empleado o voluntario con adolescentes, es necesario comprender sus necesidades y crecimiento evolutivo en cada etapa. Esta comprensión sustenta las relaciones positivas entre los adultos y los jóvenes, lo que promueve el interés de los adolescentes y hace que no abandonen los programas.

La guía capacitación de profesionales idóneos en desarrollo juvenil se centra en niños y adolescentes, de seis a dieciocho años, desde el jardín de infantes hasta el duodécimo grado. Este rango de edades se divide en cuatro etapas generalmente aceptadas de infancia y adolescencia:

- primera infancia: seis a ocho años de edad, jardín de infantes a segundo grado (educación inicial y primera etapa de la escuela primaria)
- segunda infancia: nueve a once años de edad, tercero a quinto (segunda etapa de la escuela primaria)
- tercera infancia: doce a catorce años de edad, sexto a octavo grado (escuela media)
- adolescencia: quince a dieciocho años de edad, noveno a duodécimo grado (escuela secundaria)

En cada etapa, se ponen en juego cuatro áreas de desarrollo:

- desarrollo físico (crecimiento, habilidades motrices, necesidades físicas, nivel de energía y aspecto personal)
- desarrollo cognitivo (aprendizaje, autocomprensión, operaciones mentales, habilidades lingüísticas y motivación/cuestionamiento)
- desarrollo social (dependencias, influencias de los pares, relaciones de género, dinámicas de grupo, cooperación y roles/reconocimiento)
- desarrollo emocional (aceptación, autoevaluación y fracaso/conductas inapropiadas)

Los jóvenes evolucionan a través de cada etapa en forma secuencial a medida que crecen, aprenden, interactúan y sienten. Aunque esta evolución es ordenada, continua y gradual, y es más rápida durante los años de la adolescencia, también es multifacética, y el crecimiento y la evolución se producen en forma simultánea en cada una de las áreas de desarrollo y en el contexto más amplio del entorno del niño.

Hay ciertas características que son comunes para los niños y adolescentes de cada nivel. Al trabajar con adolescentes, usted necesita que las interacciones y las actividades se correspondan con las necesidades e intereses evolutivos de los jóvenes. Recuerde que aunque los niños y los adolescentes evolucionan a través de las diferentes etapas de desarrollo en un orden previsible, maduran a diferentes ritmos y poseen diferentes temperamentos. Por ejemplo, un adolescente puede ser maduro para su edad desde el punto de vista físico, pero inmaduro desde el punto de vista social y emocional. Es por eso que es importante ofrecer actividades con diferentes niveles de dificultad a fin de que los participantes de las diversas etapas puedan completarlas con éxito.

Mediante una comprensión más profunda e informada, podemos aplicar nuestros conocimientos para brindar buenas actividades y programas de desarrollo. E-QYP ofrece información basada en la práctica y que cuenta con revisión académica. Usted aprenderá a identificar características evolutivas específicas de cada edad, que se dividen asimismo en subcategorías razonables, y aprenderá cómo aplicar esta información a sus interacciones y actividades con adolescentes. Lea con atención y familiarícese con la guía E-QYP, para luego acceder a ella según sea necesario para obtener información sobre desarrollo específica para cada edad.

La guía E-QYP está diseñada para todos aquellos que colaboran y supervisan actividades y programas para niños y adolescentes, que incluyen, entre otros:

- voluntarios adultos
- entrenadores
- tutores
- mentores
- familias de acogida
- asistentes del programa
- consejeros de campamentos
- ayudantes de actividades
- líderes de grupos/bandas
- ministros de los jóvenes
- voluntarios adolescentes y universitarios
- personal junior
- participantes de aprendizaje del servicio
- trabajadores de programas extracurriculares
- personal a tiempo parcial
- personal de guardia
- personal por temporada
- personal a tiempo completo
- profesionales de apoyo

- maestros y ayudantes
- conductores de autobuses escolares
- oficiales de policía de la escuela

Esta información pueden aplicarse a la amplia gama de ámbitos de programas para niños y adolescentes, como las siguientes áreas:

- programas infantiles y juveniles basados en la fe
- ligas de deportes
- campamentos diurnos y residenciales
- parques y departamentos recreativos
- programas de instrucción/desarrollo de habilidades
- programas extracurriculares
- programas de aprendizaje del servicio
- programas de desarrollo infantil y juvenil
- programas de bienestar infantil

E-QYP se divide en dieciséis capítulos, lo que permite centrarse en grupos de edades específicas o áreas de desarrollo específicas:

- los capítulos 1 a 4 contemplan las cuatro áreas de desarrollo para los niños de seis a ocho años de edad.
- los capítulos 5 a 8 contemplan las cuatro áreas de desarrollo para los niños de nueve a once años de edad.
- los capítulos 9 a 11 contemplan las cuatro áreas de desarrollo para los niños de doce a catorce años de edad.
- los capítulos 12 a 16 contemplan las cuatro áreas de desarrollo para los adolescentes de quince a dieciocho años de edad.
- los capítulos 1, 5, 9 y 13 se centran en el desarrollo físico.
- los capítulos 2, 6, 10 y 14 se centran en el desarrollo cognitivo.
- los capítulos 3, 7, 11 y 15 se centran en el desarrollo social.
- los capítulos 4, 8, 12 y 16 se centran en el desarrollo emocional.

Esta información se basa en la teoría y la investigación sobre el desarrollo infantil y juvenil, junto con la experiencia práctica. debe utilizarse como guía general con ideas de actividades diseñadas como un buen comienzo para voluntarios y empleados. las actividades son puntos de partida para desarrollar más y mejores actividades.

E-QYP también se encuentra disponible como aplicación móvil en idioma inglés y en idioma español. para obtener más información y actualizaciones, visite www.e-qyp.net.

PRIMERA PARTE

Educando a los niños pequeños
(Seis a ocho años de edad)

CAPÍTULO 1

Fomentando el desarrollo físico

El desarrollo físico contempla las siguientes áreas:

Crecimiento—la maduración y el aumento progresivos del cuerpo

Habilidades motrices—el uso de músculos grandes y pequeños

Necesidades físicas y niveles de energía—necesidades de alimentación y sueño y la cantidad de vigor disponible para un niño o adolescente y consumida por él

Aspecto personal—cómo se ve una persona y la imagen que presenta

El desarrollo físico de los niños durante la educación inicial y la primera etapa de la escuela primaria (jardín de infantes hasta segundo grado) presenta las siguientes características:

- crecimiento constante
- desarrollo de las habilidades motrices gruesas (músculos grandes/brazos, piernas)
- desarrollo de las habilidades motrices finas (músculos pequeños/ manos, dedos de los pies)
- una necesidad de dormir de manera adecuada por la noche y una alimentación apropiada

Lo que usted debe hacer con los niños pequeños es utilizar actividades físicas sencillas que permitan desarrollar los grupos musculares y la coordinación, y que fomenten a su vez, el esfuerzo, la participación, el desarrollo y el trabajo en equipo.

Sección 1: Crecimiento

Características de Desarollo

El crecimiento de los niños pequeños es lento y constante. Sus cuerpos tienen gran flexibilidad dado que los ligamentos aún se encuentran en desarrollo. Aprenden a utilizar el cuerpo para realizar tareas físicas sencillas, desarrollan la coordinación y fortalecen los músculos. En esta etapa tiene lugar el recambio de los primeros dientes frontales (incisivos y caninos) por los dientes definitivos.

Cómo aplicar esta información

Organizar y facilitar actividades físicas que no requieran demasiadas instrucciones por parte de los adultos. Iniciar juegos estructurados ya que resultan de gran interés para los niños de esta edad. No apartarse del nivel de comodidad física de los niños pequeños, continuar con actividades breves que fomenten el desarrollo de la motricidad fina y controlar los niveles de frustración. Usar los espacios al aire libre y algún gimnasio para realizar actividades físicas.

Ejemplos de Actividades

1. Fomentar actividades repetitivas, como correr, lanzar y atrapar la pelota y nadar.
2. Proveer juegos activos, divertidos y motivadores donde los niños pequeños muevan el cuerpo, como "El rey manda", el juego de las estatuas, la mancha, la rayuela, juego de lanzamiento de pelotas y béisbol con tee de bateo.
3. Poner música apropiada para bailar y moverse en grupo.
4. Usar vídeos de gimnasia apropiados para su edad, como DVD, vídeos basados en Internet y/o programas de ejercicio físico de consolas de juego.

Sección 2: Desarrollo Motor

Características de Desarollo

La motricidad de los niños pequeños se encuentra en desarrollo. La escritura se vuelve más pequeña y legible y los dibujos más organizados. Desarrollan la coordinación mano-ojo y su motricidad gruesa (músculos grandes) es mejor que la fina (músculos pequeños), aunque ambas se encuentran en desarrollo. Han mejorado la coordinación física, aunque aún se caen con facilidad. Los niveles de destreza varían en función de la cantidad de actividades físicas en las que participen y de sus características personales.

Cómo aplicar esta información

Ofrecer diversas actividades organizadas y divertidas que usen los músculos grandes y pequeños y repetirlas para desarrollar la destreza. Dar órdenes simples y repetitivas y mostrar paciencia y motivación.

Ayudar a desarrollar la motricidad fina con artesanías y actividades de dibujo.

Alentar a los niños pequeños en los deportes organizados y apropiados desde el punto de vista del desarrollo que pongan énfasis en el esfuerzo, la evolución, la participación y el trabajo en equipo y que se basen en los intereses de los niños. Promover la diversión y el desarrollo de las capacidades de competición. Proveer un entorno seguro para las actividades físicas desarrolladas al aire libre o en interiores.

Ejemplos de Actividades

1. Promover la motricidad gruesa con actividades que incluyan correr, patear una pelota, galopar, saltar la soga, saltar, trepar, arrojar y atrapar objetos mediante juegos como patear la pelota,

la mancha, y juegos de campo/gimnasia como "Luz roja, luz verde".

2. Promover la motricidad fina con actividades que incluyan cortar, pegar, colorear y armar, como artesanías y manualidades, dibujos, bloques, juegos de encastre tipo Lego e impresión de letras y números.

3. Ofrecer actividades como los bolos y el ciclismo que desarrollen equilibrio.

4. Fomentar la participación en deportes de nivel inicial con reglas flexibles.

5. Ayudar a los niños pequeños a usar una computadora, seguir indicaciones de la computadora, manipular el mouse y jugar juegos de computadora apropiados para su edad.

Sección 3: Necesidades Físicas y Nivel de Energía

Características de Desarollo

Los niños pequeños son muy activos y parecen tener una energía ilimitada. Disfrutan de largos períodos de juego libre y pueden requerir descanso después de ciertos juegos donde gasten mucha energía.

Necesitan dormir toda la noche (entre diez y once horas) y alimentarse con comidas y meriendas saludables y nutritivas, dado que comienzan a desarrollar hábitos alimenticios propios.

Cómo aplicar esta información

Proveer un equilibrio entre actividades con gran consumo de energía y actividades sedentarias. Promover actividades que les permitan a los niños pequeños estar en movimiento, usar el cuerpo y gastar energía. Realizar actividades sencillas y no organizar demasiado ni complicar las actividades con instrucciones detalladas. Dejar que los niños pequeños aprendan nuevas habilidades y conceptos mediante la práctica y no sólo la teoría.

Alentar el consumo saludable de leche, agua, frutas y verduras, cereales y frutas secas y carnes magras, y de control de las opciones no saludables como las sodas y los dulces.

Ejemplos de Actividades

1. Realizar juegos libres con los debidos elementos tanto al aire libre como en interiores.
2. Jugar juegos sencillos que permitan gastar energía, como "Simón dice", "Luz roja, luz verde", "¿Cuántos pasos...?" y similares.

3. Ofrecer comidas y meriendas saludables y nutritivas que incluyan leche, frutas y verduras, cereales y frutas secas y carnes magras, según lo recomienda el Servicio de Alimentos y Nutrición, Departamento de Agricultura de los Estados Unidos.

4. Enseñarles hábitos alimenticios saludables.

5. Dejar que los niños pequeños colaboren en la organización y distribución de las meriendas.

6. Compartir hábitos de sueño apropiados, donde la hora de acostarse sea entre las sietes y las nueve p. m., en función de la hora de levantarse para ir a la escuela.

Sección 4: Aspecto Físico

Características de Desarollo

El aspecto físico de los niños pequeños se caracteriza por el crecimiento constante. Los padres ejercen una gran influencia sobre cómo se visten.

Cómo aplicar esta información

Apoyar y alentar a los niños pequeños a mejorar su aspecto físico; evitar críticas duras.

Ejemplos de Actividades

1. Señalar aspectos positivos sobre el aspecto físico de los niños pequeños, como un reciente corte de cabello o un nuevo par de zapatos.
2. Enseñarles la importancia de lavarse las manos y otros hábitos de aseo personal apropiados para su edad.

CAPÍTULO 2

Promoviendo el desarrollo cognitivo

El desarrollo cognitivo contempla las siguientes áreas:

Aprendizaje—crecimiento mental e intelectual

Autocomprensión—conciencia y concepto de uno mismo, incluidas las fortalezas y las debilidades propias

Operaciones mentales—procesos del pensamiento y la capacidad mental

*Capacidades ling*üísticas—capacidad de comunicarse mediante la audición, el lenguaje oral, la lectura y la escritura

Motivación y cuestionamiento—el ímpetu de actuar y hacerse preguntas para comprender las cosas

El desarrollo cognitivo de los niños durante la educación inicial y la primera etapa de la escuela primaria (jardín de infantes hasta segundo grado) está caracterizado por los siguientes logros cognitivos principales:

- el aprendizaje es excitante dado que las habilidades lingüísticas aumentan y los niños aprenden a leer y a hacer operaciones matemáticas básicas.
- les agrada utilizar palabras nuevas y expresarse, contar historias y manifestar sus emociones.
- son más capaces de comprender el punto de vista de otras personas y compararse a sí mismos con los demás.

Lo que usted debe hacer es ayudarlos a aprender y explorar. Es importante fomentar y apoyar nuevos intereses y pasatiempos, así como también oportunidades de que los niños pequeños se expresen. Utilice los sentidos para brindar diversas actividades de enriquecimiento.

Sección 1: Aprendizaje

Características de Desarollo

Los niños pequeños logran progresos cognitivos enormes en esta etapa. Aprenden a leer y realizar ejercicios aritméticos básicos (sumar y restar). El pensamiento de los niños pequeños se basa en la realidad, aunque también pueden verbalizar historias imaginarias. Su comprensión de causa y efecto —especialmente con respecto a objetos concretos y materiales que puedan manipular— está en desarrollo. Su período de atención es muy corto. Piensan en dilemas morales en cuanto a las consecuencias y en las normas como absolutas por las autoridades.

Cómo aplicar esta información

Hacer que los niños pequeños participen en el aprendizaje activo incorporando el uso de sus sentidos durante las actividades. Revisar las instrucciones verbalmente de a una por vez y repetir según sea necesario. Reforzar lo que están aprendiendo en la escuela con actividades de enriquecimiento. Controlar a los niños pequeños con respecto al uso de sitios Web y de otras actividades en línea.

Ejemplos de Actividades

1. Conversar sobre las normas y sobre ayudar a los demás y tratarlos con respeto.
2. Ofrecer actividades físicas diarias que apoyen el estado físico mientras avanzan en el desarrollo cognitivo.
3. Leer a los niños pequeños y alentarlos a leer y escribir sobre ellos mismos.
4. Organizar una actividad en el exterior en la que deban buscar ciertos artículos, incluyendo sonidos, olores y texturas.

5. Realizar actividades relacionadas con los alimentos que destaquen la vista, el tacto y la audición y exploren el olfato y el gusto.

6. Alentar a los niños pequeños a crear colecciones y a agruparlas y categorizarlas de diferentes formas.

7. Ver programas televisivos y DVD educativos apropiados para su edad y dejar que debatan sobre sus perspectivas en cuanto a las situaciones morales básicas planteadas.

8. Ayudar a los niños pequeños a usar los juegos electrónicos educativos y programas de computadora y a seguir las instrucciones básicas.

Sección 2: Auto-Entendimiento

Características de Desarollo

Los niños pequeños se concentran en sí mismos; la empatía se desarrolla a medida que crecen. Están mejorando su capacidad para comprender sus sentimientos y regular sus emociones.

Los niños de esta edad comparan sus propias características y capacidades con las de sus pares. Mejoran su observación sobre los puntos de vista de las otras personas e incorporan esto en su definición de ellos mismo y en la evaluación de sus competencias.

Cómo aplicar esta información

Alentar a los niños pequeños a imaginar lo que otras personas piensan y sienten en diferentes situaciones y circunstancias. Incrementar con actividades imaginarias.

Otorgar experiencias gratificantes para facilitar la consideración de sí mismo y la aceptación de sí mismo.

Ejemplos de Actividades

1. Alentar a los niños pequeños a sentirse responsables pidiéndoles ayuda a ordenar y limpiar.
2. Leer libros de cuentos en voz alta y hacer preguntas sobre los pensamientos, sentimientos y motivos de cada personaje.
3. Hacer teatro improvisado de las situaciones que exploran los pensamientos, los sentimientos y los motivos de las demás personas
4. Incorporar actividades de vestuario que permitan a los niños inventar diferentes roles, personajes y situaciones.
5. Organizar días y eventos culturales especiales que ofrezcan comida, música, lenguaje y actuaciones locales.

Sección 3: Operaciones mentales

Características de Desarollo

Los niños menores tienen operaciones mentales singulares con un período de interés breve. Ellos viven en el "ahora". Generalmente tienen dificultades para retrasar la gratificación inmediata, pero adquire habilidades en esta área a medida que maduran. Definen las cosas por su uso. Su interés se centra más en la actividad que en el resultado. Su sentido del tiempo está en desarrollo; pueden comprender la hora del día y los días de la semana.

Durante esta etapa, los niños pequeños desarrollan la capacidad de clasificar, categorizar y agrupar objetos que comparten las mismas características. Comprenden que, por ejemplo, un dólar se debe agrupar con otras formas de dinero y que pueden aplicar este concepto para otros objetos concretos que han visto o tocado.

Cómo aplicar esta información

Los niños pequeños disfrutan los juegos para resolver problemas y recolectar cosas; ofrecer estas actividades cuando sea posible. Incorporar diversas actividades cortas y específicas que se incorporen una a la otra. Está bien que trabajen en un proyecto en lugar de completarlo. Concentrarse en el proceso y no en el producto o resultado.

Concentrarse en el progreso individual en cuanto al desarrollo de capacidades y competencias.

Ejemplos de Actividades

1. Brindar oportunidades para que los niños pequeños creen colecciones, tales como fotos, estampillas, caracoles o flores,

guardadas en cajas especiales o libros para reforzar el desarrollo de las habilidades de organización simple.

2. Usar juegos para resolver problemas que incorporen pasos, tales como los rompecabezas simples y juegos de mesa apropiados para su edad.

3. Fomentar las actividades relacionadas con el arte, tal como la pintura dactilar, la escultura con masa y el dibujo.

4. Hacer excursiones a bibliotecas, muesos para niños y otros recursos comunitarios apropiados para su edad.

5. Ofrecer actividades físicas diarias que apoyen el buen estado físico mientras avanzan en el desarrollo cognitivo.

Sección 4: Habilidades del Lenguaje

Características de Desarollo

Para los niños pequeños, el lenguaje es egocéntrico, pero social. Les gusta contar historias y expresar sus sentimientos. Pueden comunicarse en oraciones claras y completas. Les gusta hablar libremente y les interesa aprender palabras nuevas.

A esta edad, todo nuevo aprendizaje implica el uso del lenguaje. La capacidad de comprensión del lenguaje de los niños pequeños es mejor que su capacidad para hablar. Pueden leer palabras y combinaciones de palabras. Alcanzan sus primeros logros en aritmética básica (sumar y restar).

Cómo aplicar esta información

Escuchar y mostrar interés en lo que los niños pequeños expresan y en sus sentimientos. Introducir algunas actividades de escritura a medida que los niños desarrollan habilidades de lectura, pero evitar la escritura excesiva.

Ejemplos de Actividades

1. Crear un espacio para contar cuentos y para que los niños pequeños compartan historias con el grupo.
2. Leer a los niños pequeños y luego conversar sobre el libro.
3. Tener disponibles revistas para niños, tales como *Highlights*, *Apple Seeds* y *Ranger Rick*.
4. Dar oportunidades para que los niños pequeños cuantifiquen y comparen objetos y practiquen sus nuevas habilidades de matemáticas.
5. Ayudar a los niños a ver palabras en todos lados; etiquetar objetos en su espacio de programa.
6. Introducir "Palabra del día."
7. Alentar a los niños pequeños a llevar un diario.

Sección 5: Motivación y Cuestionamiento

Características de Desarollo

Los niños pequeños están ansiosos por aprender. Son motivados fácilmente y entusiastas a la hora de intentar cosas nuevas. Son curiosos y preguntan, por qué, para comprender y hacer que su mundo tenga sentido. Su comprensión es que las diferentes perspectivas se basan en diferente información; esto progresa durante esta etapa hasta poder ver otras perspectivas en base al punto de vista de otra persona.

Cómo aplicar esta información

Ayudar a los niños pequeños a comprender las cosas sobre las que tienen dudas. Alentarlos a desarrollar nuevos pasatiempos e intereses. Permitir la exploración y la espontaneidad en las actividades. Los niños pequeños posiblemente necesiten ayuda para comenzar una nueva tarea.

Ejemplos de Actividades

1. Planear y mantener búsquedas de objetos escondidos.
2. Organizar actividades —tales como dibujar, pintar con acuarelas, colorear con crayones, moldear con masa, tomar fotografías, cantar y tocar diferentes instrumentos— para exponer a los niños pequeños a un rango de intereses posibles.
3. Proporcionar libros y revistas apropiados para su edad, de modo que los niños pequeños puedan aprender sobre diversos temas.
4. Pasar tiempo respondiendo las preguntas que los niños pequeños puedan tener.

CAPÍTULO 3

Alentando el desarrollo social

El desarrollo social contempla las siguientes áreas:

Dependencias—relaciones con los demás con base en las necesidades

Influencia de los pares—la influencia de otros niños de la misma edad

Relaciones de género—interacciones dinámicas entre varones y mujeres y entre niños del mismo sexo

Dinámica de grupo—sistemas de conductas y procesos psicológicos dentro de un grupo social

Cooperación—la forma en que una persona interactúa con los demás y les brinda ayuda

Roles y reconocimiento—conductas y responsabilidades esperadas, y medios para reconocer el éxito

El desarrollo social de los niños durante la educación inicial y la primera etapa de la escuela primaria (jardín de infantes hasta segundo grado) está caracterizado por los siguientes rasgos

- el desarrollo de amistades con base en la cercanía y las actividades en común, y la atracción hacia otros niños de la misma edad
- el juego se desarrolla en pequeños grupos, mediante la copia e imitación de otros niños
- el interés en la aprobación y el elogio de los padres y adultos

Lo que usted debe hacer con los niños pequeños es promover el acto de compartir, jugar en grupos y resolver conflictos en situaciones de juego cooperativo. Intente ser un modelo positivo y brindar atención personalizada. Fomente las actividades mixtas para permitir que todos los niños desarrollen diversas habilidades y descubran sus verdaderos talentos.

Sección 1: Dependencias

Características de Desarollo

Los niños pequeños están ansiosos por recibir elogios de padres y de otros adultos. El concepto de dependencia de un adulto que no son los padres puede ser nuevo para ellos, a menos que lo hayan experimentado en preescolar. La imparcialidad está conectada con la igualdad, con el hecho de que todos obtengan lo mismo. Los niños pequeños pueden resolver conflictos con la ayuda de los adultos.

Cómo aplicar esta información

Ser un modelo de conducta positivo para los niños pequeños. Enseñar la paciencia ayudándoles a terminar una tarea antes de comenzar con la otra. Alentar y elogiar, y ayudarles a trabajar a través de conflictos interpersonales. Prestar atención individual a cada niño durante las actividades. Estar presente cuando los niños pequeños usan la computadora y controlar los programas y sitios Web que utilizan.

Ejemplos de Actividades

1. Asignar a los niños pequeños tareas que les permitan ganar su respeto y elogio.
2. Usar actividades de juegos de rol que les permitan experimentar el mundo exterior y conocer cómo funciona.

Sección 2: Influencia de los Pares

Características de Desarollo

Los niños más pequeños están aprendiendo cómo ser amigos, les gusta tener una o unas pocas mejores amigos, por lo general sobre la base de la frecuencia del contacto. Además, tienden a tener algunos amigos "solo en las buenas", o sea, aquellos que no sobrevivirán a una discusión difícil o eventos negativos. Los niños de esta edad a menudo copiar o imitan a otros niños.

Cómo aplicar esta información

Planear actividades cortas en pequeños grupos que apoyen a todos los miembros y ofrezcan una buena oportunidad para el éxito individual y grupal.

Ademas organizar actividades cooperativas y enseñar a los niños pequeños cómo resolver conflictos.

Ejemplos de Actividades

1. Proporcionar actividades similares a proyectos, tal como rompecabezas en grupo o búsquedas de objetos en equipos, que promuevan la interacción con varios pares.
2. Destacar y elogiar a los niños por su cooperación y trabajo en conjunto.
3. Enseñar a los niños pequeños cómo resolver conflictos.
4. Educar a los niños pequeños sobre el uso seguro de sitios Web apropiados para su edad.

Sección 3: Relaciones según el Género

Características de Desarollo

Las actividades comunes y la proximidad son aspectos importantes de amistad para niños pequeños. Las amistades entre niños del mismo género predominan durante esta etapa, pero las niñas y los niños pueden jugar entre sí en entornos menos estructurados, por ejemplo, el vecindario. Las amistades entre niños de diferente género desaparecen a medida que crecen.

Cómo aplicar esta información

Alentar las actividades en grupos pequeños. Dar a niños y niñas la oportunidad de desarrollar diversas habilidades. Tener cuidado de no limitar los intereses de los niños al segregarlos por género. Cuanta menos programación específica por género se produzca en la niñez, mayores oportunidades tendrán niños y niñas para desarrollar y encontrar sus verdaderos talentos.

Ejemplos de Actividades

1. Proporcionar actividades mixtas y específicas para cada género que promuevan el desarrollo.
2. Agrupar pares de niños pequeños para completar las actividades juntos.

Sección 4: Dinámica de Grupo

Características de Desarollo

Los niños pequeños prefieren jugar en grupos reducidos y pueden participar en un debate grupal. Se producen peleas dentro del grupo pero no duran.

Cómo aplicar esta información

Promover los valores de compartir y jugar bien entre ellos. Organizar a los niños pequeños en grupos reducidos para alentar la interacción social. Reconocer el egoísmo cuando se produzca, y mantener a todos los niños pequeños involucrados en la actividad. Proporcionar actividades de aprendizaje que promuevan la conversación sobre la comprensión de las perspectivas de los demás.

Ejemplos de Actividades

1. Contar cuentos que alienten la empatía y hacer que los niños improvisen a los personajes que muestran que ser egoísta no es bueno.
2. Dar espacio para que conversen sobre compartir, ser servicial y llevarse bien con los demás.
3. Planear actividades que aumenten la cohesión grupal y desarrollen las habilidades para sobrellevar y resolver problemas y conflictos.

Sección 5: Cooperación

Características de Desarollo

Los niños pequeños están aprendiendo a cooperar con los demás, a pesar de que pueden mostrar conductas centradas en ellos mismos. Tienen la necesidad de ser los primeros, los mejores o de ganar. Pueden ser mandones. La cooperación generalmente se basa en desear la aprobación del adulto.

Cómo aplicar esta información

Alentar el juego cooperativo y evitar las actividades que seleccione un ganador o la mejor persona. Dejar que los niños pequeños se tomar turnen conscientemente para ser el primero. Crear un sistema para administrar los juegos y las actividades de mucha demanda de modo que todos los niños tengan la posibilidad de jugar.

Ejemplos de Actividades

1. Introducir juegos que permitan a los niños participar de manera equitativa, tal como Word Ball. (Los niños pasan una bola y se identifica una letra para que el siguiente alumno identifiqué una palabra que comienza con esa letra antes de pasar la bola al proximo.)
2. Controlar el juego libre y alentar la cooperación y el compartir.
3. Permitir que los niños pequeños ayuden a organizar y controlar las actividades.

Sección 6: Roles y Reconocimiento

Características de Desarollo

Los niños pequeños pueden absorberse en un mundo imaginario mientras juegan. Les gustan los juegos, los rituales y practicar diferentes roles. Están ansiosos por identificarse con los niños mayores. Les gustan las responsabilidades que pueden manejar.

Cómo aplicar esta información

Alentar el juego imaginario basado en la vida real, tal como el hogar, la tienda, el trabajo y la construcción. Dar reglas simples de modo que los niños pequeños puedan comprender las expectativas y el éxito.

Ejemplos de Actividades

1. Brindar mucho tiempo libre en las áreas de juegos equipada con artículos, materiales y muebles apropiados para el juego imaginario.
2. Tener un armario con disfraces y ropa de adultos para el momento de juego con disfraces.
3. Pedir a los niños pequeños que ayuden a organizar y limpiar para facilitar el desarrollo de la responsabilidad.

CAPÍTULO 4

Apoyando el desarrollo emocional

El desarrollo emocional contempla las siguientes áreas:

Aceptación—grado de apego y aprobación de los demás

Autoevaluación—el proceso de análisis de pensamientos y emociones sobre uno mismo, lo que tiene como resultado la autoestima de una persona

Fracaso y conductas inapropiadas—no tener éxito en algo: desobediencia, conductas antisociales y comportamientos que no respetan los derechos de los demás ni su propiedad

El desarrollo emocional de los niños durante la educación inicial y la primera etapa de la escuela primaria (jardín de infantes hasta segundo grado) está caracterizado por los siguientes rasgos:

- un deseo de comportarse bien y de ayudar para recibir la aceptación de los adultos y sentirse bien consigo mismos
- sensibilidad ante el fracaso y la crítica
- expresión de la autoestima en forma conductual en lugar de verbal

Lo que usted debe hacer con los niños pequeños es conocerlos lo suficiente como para establecer un equilibrio entre los desafíos y los triunfos. Controle la conducta para asegurar que los niños tengan éxito y se sientan bien consigo mismos. Las instrucciones deben ser sencillas y posibles y es importante reforzar el aprendizaje para reducir la frustración.

Sección 1: Aceptación

Características de Desarollo

Los niños pequeños desean desempeñarse bien. Buscan conseguir la aceptación y el afecto de los adultos y obtienen el sentido de seguridad a través de la atención y aprobación de los adultos. Son activos al compararse con los demás, dado que la aceptación grupal es significativamente importante para el bienestar socio-emocional de los niños.

Cómo aplicar esta información

Buscar modos de elogiar y alentar a todos los niños pequeños. Brindar actividades para grupos pequeños de tres o cuatro niños para facilitar la interacción con los adultos. Ayudar a los niños pequeños a comprender que las diferentes personas pueden tener diferentes perspectivas, creencias y sentimientos.

Ejemplos de Actividades

1. Elogiar el trabajo de los niños pequeños y alentar su esfuerzo. Colocar los trabajos creados, escritos o dibujados en el tablero de anuncios para que los demás los puedan verlos.
2. Pasar tiempo con grupos reducidos de niños pequeños para darles aliento, el sentido de pertenencia y seguridad.
3. Organizar las actividades que exhiban la música, la comida y el lenguaje de las diferentes culturas de la comunidad.
4.

Sección 2: Auto-Evaluación

Características de Desarollo

Los niños pequeños buscan la manera de cooperar y ser serviciales; ellos desean complacer a los adultos para sentirse bien con respecto a ellos mismos. Dado que los niños pequeños no verbalizan frecuentemente lo que sienten sobre ellos mismos, su autoestima tiende a expresarse a través de su comportamiento.

Cómo aplicar esta información

Dar oportunidades para que los niños pequeños ayuden en forma real y significativa. Conocer bien a cada niño para equilibrar los desafíos y éxitos. Observar el comportamiento para poder ver si al niño pequeño le cuesta aprender o hacer una tarea o actividad, a fin de poder ayudarlo a lograrlo y a sentirse bien con él mismo.

Ejemplos de Actividades

1. Alentar al niño pequeño a ayudar con la organización de las actividades.
2. Jugar juegos y organizar actividades que desarrollen habilidades en forma progresiva y permitan a los niños pequeños triunfar y desarrollar sentimientos de competencia.
3. Considerar refinar o dividir una tarea o actividades en pasos más pequeños si los niños pequeños parecen descontentos o sin interés; el éxito promoverá la autoestima.

Sección 3: Fracaso y Conductas Inapropiadas

Características de Desarollo

Los niños pequeños son sensibles ante la pérdida o el fracaso. No les gusta la crítica y se comportan bien para evitar el castigo.

Cómo aplicar esta información

Ofrecer a los niños pequeños apoyo y aliento con respecto a su esfuerzo. Dividir las habilidades en pequeños pasos para promover la práctica y la repetición. Reforzar lo que han aprendido para reducir la frustración. Crear situaciones para las actividades cooperativas y el trabajo en equipo. Aprovechar las oportunidades para examinar el éxito y el fracaso, la obediencia y desobediencia y las consecuencias de cada uno de ellos.

Ejemplos de Actividades

1. Ofrecer proyectos cortos y actividades organizadas que permitan el éxito inmediato.
2. Permitir que los niños pequeños tengan tiempo libre para hacer lo que deseen, con la supervisión de un adulto.
3. Establecer reglas que relacionen las consecuencias directamente con el grado de desobediencia.
4. Juntarse con los padres para que ellos comprendan y apoyen las consecuencias de las desobediencias.
5. Hacer teatro improvisado de situaciones de agresión y acoso apropiados para su edad, de modo que los niños pequeños comprendan que ciertas acciones contra los demás son inapropiadas.

SEGUNDA PARTE

Apoyando a los niños mayores (Nueve a once años de edad)

CAPÍTULO 5

Fomentando el desarrollo físico

El desarrollo físico contempla las siguientes áreas:

Crecimiento—la maduración y el aumento progresivos del cuerpo

Habilidades motrices—el uso de músculos grandes y pequeños

Necesidades físicas y niveles de energía—necesidades de alimentación y sueño y la cantidad de vigor disponible para un niño o adolescente y consumida por él

Aspecto personal—cómo se ve una persona y la imagen que presenta

El desarrollo físico de los niños durante la segunda etapa de la escuela primaria (tercero a quinto grado) está caracterizado por los siguientes rasgos:

- crecimiento constante y perfeccionamiento continuo de las habilidades físicas
- altos niveles de energía, con la necesidad de alimentarse de manera saludable y dormir bien
- la llegada de la pubertad y los cambios físicos hacia fines de esta etapa en las niñas, lo que tiene como resultado la autoconciencia sobre el aspecto personal
- desarrollo del estilo y los gustos personales

Lo que usted debe hacer con los niños mayores es alentar el aprendizaje activo mediante actividades prácticas, desafiantes y construidas sobre los intereses y poner énfasis en la importancia de la diversión. Apoye el desarrollo de los gustos personales, una buena higiene, los hábitos de sueño adecuados y una alimentación saludable, ayudando a los niños mayores a sentirse más cómodos con los cambios físicos.

Sección 1: Crecimiento

Características de Desarollo

En los niños mayores continúa el crecimiento constante, acompañado del desarrollo de capacidades físicas más complejas. El porcentaje de grasa corporal tiende a aumentar en las niñas, al iniciarse el período de crecimiento acelerado de la adolescencia y la pubertad, que comienza un año y medio antes que en los niños. El inicio del período de crecimiento acelerado se presenta alrededor de los diez años en las niñas y de los doce años en los niños, y los picos aproximadamente a los once años y medio en las niñas y a los trece años y medio en los niños. Dentro de cada género, existe una gran variación en lo referido al inicio temprano y tardío de la pubertad.

Cómo aplicar esta información

Proveer actividades físicas periódicas y más desafiantes que apoyen el aprendizaje activo. Otorgarles a las niñas la oportunidad de hablar con mujeres adulta sobre los cambios físicos que se han iniciado.

Ejemplos de Actividades

1. Poner énfasis en experiencias activas de aprendizaje, como desafíos físicos.
2. Ofrecer actividades de campo como juegos de pelota, la mancha, saltar la soga, jugar con un platillo volador, nadar y remontar barriletes.
3. Comenzar deportes organizados, como fútbol y sóftbol.
4. Usar vídeos de gimnasia apropiados para su edad.
5. Facilitar la creación de pequeños foros grupales del mismo sexo para debatir cambios físicos y desarrollar la conciencia sobre ello.
6. Compartir y debatir sobre vídeos y libros apropiados para preparar a los niños mayores para enfrentarse a los cambios físicos naturales y normales que experimentarán durante la pubertad.

Sección 2: Desarrollo Motor

Características de Desarollo

Los niños mayores han mejorado su motricidad fina y gruesa, al igual que la resistencia, el equilibrio y la coordinación. Sus cuerpos tienen gran flexibilidad dado que los ligamentos aún se encuentran en desarrollo. Se aprecia una evolución en la agilidad y la fuerza. Los niños de esta edad comparan sus habilidades con las de otros y buscan la superación personal.

Cómo aplicar esta información

Planear actividades físicas interactivas y ayudar a los niños mayores a escoger proyectos que utilicen elementos que ellos puedan manejar. Brindar la mejor orientación y capacitación individual posibles y darles tiempo a los niños mayores para practicar habilidades específicas y variantes de movimientos corporales. Fomentar los intereses de cada niño y poner énfasis en la diversión. Usar juegos y proyectos que demuestren la superación personal y permitan la comparación de habilidades.

Promover actividades que permitan la evolución de la agilidad, el equilibrio y la fuerza. Otorgar oportunidades de participar en juegos activos desde el punto de vista físico que incluyan estrategias y trabajo en equipo.

Ejemplos de Actividades

1. Ofrecer una amplia gama de deportes para desarrollar, refinar y practicar aún más la motricidad.
2. Introducir deportes organizados apropiados desde el punto de vista del desarrollo que pongan énfasis en el esfuerzo, la evolución, la participación y el trabajo en equipo.

3. Ofrecer varias opciones de actividades y juegos físicos que tengan en cuenta los diferentes intereses, habilidades y capacidades de los niños en todos los niveles.
4. Proveer un entorno seguro para el desarrollo de las actividades físicas al aire libre y en interiores.
5. Fomentar actividades prácticas, como artesanías y manualidades, juegos de encastre tipo Lego, cocina y costura, que utilicen herramientas y utensilios y que permitan desarrollar habilidades.

Sección 3: Necesidades Físicas y Nivel de Energía

Características de Desarollo

Los niños mayores poseen un alto nivel de energía y actividad; no pueden permanecer encerrados por mucho tiempo. Las niñas de esta edad, con el inicio de la pubertad, presentan un alto riesgo de abandonar la actividad física.

Los niños mayores necesitan dormir toda la noche (entre diez y once horas) y alimentarse con comidas y meriendas saludables y nutritivas para mantener su nivel de energía y un peso saludable.

Cómo aplicar esta información

Planear actividades que involucren la motricidad gruesa y la fina, desde correr y saltar hasta cortar, encintar y encastrar objetos (por ejemplo, piezas de un rompecabezas). Alentar a los niños mayores a mantenerse en movimiento y a usar el cuerpo.

Alentar el consumo saludable de leche, agua, frutas y verduras, cereales y frutas secas y carnes magras. Evitar el consumo de gaseosas y dulces como meriendas y opciones de comidas no saludables.

Ejemplos de Actividades

1. Planear experiencias activas de aprendizaje, como una búsqueda del tesoro, donde los niños mayores encuentren objetos que sean parte de una lección de aprendizaje.
2. Involucrar a los niños mayores en desafíos físicos, como saltar la soga, arrojar, patear o pasar una pelota, armar algo, y actividades similares.

3. Darles tiempo libre para realizar juegos con diversos elementos y en pequeños grupos que ellos hayan elegido.

4. Ofrecer comidas y meriendas saludables y nutritivas que incluyan leche, frutas y verduras, cereales y frutas secas y carnes magras, según lo recomienda el Servicio de Alimentos y Nutrición, Departamento de Agricultura de los Estados Unidos.

5. Enseñarles hábitos alimenticios saludables a los niños mayores.

6. Dejar que los niños mayores colaboren en la organización y distribución de las meriendas.

7. Compartir hábitos de sueño apropiados, donde la hora de acostarse sea entre las 7 y las 9 p. m., en función de la hora de levantarse para ir a la escuela.

Sección 4: Aspecto Físico

Características de Desarollo

El aspecto físico de los niños mayores se caracteriza por un cambio constante. Muchas niñas mayores sufren un período de crecimiento acelerado y el comienzo del crecimiento de las mamas a fines de esta etapa y muchas niñas se vuelven auto-conscientes de sus cambios físicos.. Puede iniciarse el desarrollo del gusto personal, sobre el cual influyen padres y pares.

Antes de los once años, los niños tienden a ser más altos que las niñas. (Más tarde, las niñas de entre once y trece años tienden a ser más altas que los niños y a partir de los catorce años, los niños suelen ser más altos).

Cómo aplicar esta información

Apoyar el desarrollo del gusto y el estilo personales. Fomentar un aseo e higiene personales adecuados e inspirarles orden y pulcritud a los niños mayores.

Ejemplos de Actividades

1. Proveerles elementos de la higiene personal a través del programa a niños mayores que no cuenten con ellos. Sugerir el uso de productos de higiene para las glándulas sudoríparas más activas.
2. Planear una búsqueda del tesoro en la que los niños mayores encuentren elementos de higiene personal y luego aprendan la importancia y el valor de cada uno de ellos.
3. Si hay interés, organizar un desfile de moda para resaltar gustos y estilos actuales.

CAPÍTULO 6

Promoviendo el desarrollo cognitivo

El desarrollo cognitivo contempla las siguientes áreas:

Aprendizaje—crecimiento mental e intelectual

Autocomprensión—conciencia y concepto de uno mismo, incluidas las fortalezas y las debilidades propias

Operaciones mentales—procesos del pensamiento y la capacidad mental

*Capacidades ling*üísticas—capacidad de comunicarse mediante la audición, el lenguaje oral, la lectura y la escritura

Motivación y cuestionamiento—el ímpetu de actuar y hacerse preguntas para comprender las cosas

El desarrollo cognitivo de los niños durante la segunda etapa de la escuela primaria (tercero a quinto grado) está caracterizado por los siguientes rasgos:

- lectura de materiales más complejos y aprendizaje de nuevas palabras mediante su forma de uso
- aprendizaje de las operaciones de multiplicación y división
- comprensión de las relaciones entre los elementos y su ordenamiento en secuencias lógicas
- aprendizaje sobre sí mismos mediante relaciones y comparaciones con los demás
- apreciación de las cosas con mayor objetividad desde el punto de vista de un tercero

Lo que usted debe hacer es ayudarlos a aprender y explorar mediante experiencias secuenciales prácticas. Fomente las oportunidades de compartir opiniones y tomar decisiones. Aliéntelos a encontrar respuestas a sus propias preguntas y ofrézcales actividades que estén un poco más allá de sus habilidades para motivarlos y promover su crecimiento.

Sección 1: Aprendizaje

Características de Desarollo

Los niños mayores leen progresivamente material más complejo, tal como libros por capítulos sin imágenes y aprenden y memorizan tablas de multiplicar y dividir. Los niños mayores piensan en términos concretos y, al final de esta etapa, comienzan a desarrollar la capacidad de pensar de manera abstracta sobre cosas familiares. Los niños mayores pueden organizar, comprender las relaciones entre los objetos y poner las cosas en una secuencia lógica. Puede comenzar a comprender los puntos de vista de las demás personas. Ellos hacen muchas preguntas y buscan respuestas reflexivas o desean oportunidad para encontrar sus propias soluciones. Los niños de esta edad razonan a nivel moral teniendo en cuenta la intención del autor así como la consecuencia de la transgresión. Carecen de habilidades de pensamiento crítico como para juzgar la precisión de la información en línea.

Los niños mayores desean adquirir diversas habilidades, aunque sus intereses difieren enormemente de un niño a otro.

Cómo aplicar esta información

Planear aprendizaje activo y experiencias prácticas los aliente en cuanto a la exploración y la espontaneidad. Asegurar el éxito brindando una amplia gama de experiencias concretas que se sume una a la otra. Los niños mayores necesitan la guía de un adulto para que los ayude a alcanzar los objetivos al dividir las tareas en pasos individuales. Reforzar lo que están aprendiendo en la escuela con actividades de enriquecimiento.

Realizar juego de roles de diferentes situaciones a fin de que los niños comiencen a comprender las perspectivas de las demás personas y captar la complejidad de las decisiones morales.

Ejemplos de Actividades

1. Hacer que los niños mayores participen en escenarios y obras dramáticas en las que identifiquen alternativas, consecuencias y próximos pasos.

2. Introducir juegos y actividades relacionadas con matemáticas apropiadas para su edad.

3. Ofrecer actividades físicas diarias que apoyen el estado físico mientras avanzan en el desarrollo cognitivo.

4. Brindar a los niños mayores la oportunidad de tomar decisiones apropiadas para su edad.

5. Conserve sobre tratar a las demás personas con respeto, especialmente cuando hagan elecciones que puedan impactar sobre los demás.

6. Realizar teatro improvisado de una situación de acoso y aliente a los niños mayores a tomar la perspectiva de ambas partes, la víctima y el acosador.

7. Ver DVD y programas televisivos educativos apropiados para su edad y debata sobre ellos.

8. Enseñar sobre seguridad en línea y alentar el uso de sitios Web orientados al aprendizaje y adecuados para niños.

9. Debata sobre la redacción adecuada en los teléfonos celulares, especialmente si comienzan a usar, y sobre los peligros del acoso cibernético.

Sección 2: Auto-Entendimiento

Características de Desarollo

Los niños mayores aprenden sobre sí mismos a través de las relaciones y las comparaciones con los demás. Comienzan a tener un punto de vista objetivo que toma en cuenta las perspectivas de otras personas. Ellos quieren compartir sus pensamientos y reacciones con los demás, cuyas opiniones les comienzan a importar.

A medida que los niños mayores y los niños adolescentes internalizan las expectativas de los demás, forman el concepto de el concepto de un ideal de sí mismo, que lo usan para evaluar su ser real.

Cómo aplicar esta información

Desarrollar capacidades académicas, sociales, conductuales y atléticas y crear un entorno en el que los niños mayores se sientan apoyados.

Fomentar oportunidades para que los niños mayores compartan sus opiniones y tomen decisiones con otras personas. Brindar orientación a través de la planificación de actividades y ayudar a evaluar las alternativas.

Alentar el esfuerzo y las mejoras en las áreas en las que los niños mayores fallan y premiar sus logros.

Ejemplos de Actividades

1. Brindar oportunidades para que los pequeños de dos o tres niños mayores debatan sobre un tema, compartan sus opiniones y arriben a una conclusión.
2. Debatir sobre un libro y preguntar por qué ciertos personajes se comportan de tal modo.

3. Compartir los eventos históricos y preguntar lo que la gente que vivía en esa época podría haber pensado o sentido.

4. Organizar días y eventos culturales especiales que ofrezcan comida, música, lenguaje y actuaciones.

5. Crear un comité o consejo de planificación con tareas apropiadas para su edad para que los niños mayores lleven a cabo.

6. Resolver conflictos interpersonales pidiendo a los niños mayores que consideren la perspectiva de la otra parte y creen una solución que abarque las necesidades de todos.

Sección 3: Operaciones mentales

Características de Desarollo

Las operaciones mentales de los niños mayores son de un paso por vez. Aún viven en el, ahora, su período de atención es mayor, pero diferentes intereses. Comienzan a disfrutar del humor y comprenden el sarcasmo.

Continúan teniendo la capacidad de agrupar cosas, tal como denominaciones de dinero, que corresponden al mismo grupo. Pueden aplicar este concepto a otras cosas que han visto, oído o tocado. Al final de esta etapa, comienzan a desarrollar una perspectiva más abstracta del mundo, a comprender situaciones tanto reales como imaginarias, y a profundizar su entendimiento sobre la idea de causa y efecto. Comienzan a pensar más simbólicamente.

Los niños mayores fantasean y necesitan una guía para concentrarse en la tarea.

Cómo aplicar esta información

Ofrecer experiencias de aprendizaje breves y variadas. Recuerde que a los niños mayores les gusta trabajar en grupos pequeños.

Diseñar ambientes sobre la base de las necesidades y los intereses de su grupo único.

Avanzar en las capacidades cognitivas de los niños mayores mediante tareas que estén apenas por encima de su capacidad pero que puedan completar con ayuda mínima de un adulto. Retirar la ayuda gradualmente a medida que los niños mayores adquieren nuevas habilidades y capacidades.

Proporcionar modelos de conducta positivos.

Ejemplos de Actividades

1. Seleccionar actividades basadas en los intereses de su grupo en particular.
2. Ofrecer actividades físicas diarias que apoyen el buen estado físico mientras avanzan en el desarrollo cognitivo.
3. Dedicar un área de arte y artesanías que permita a los niños mayores trabajar en diversos proyectos.
4. Proveer actividades que incorporen el aprendizaje en el salón de clase, tales como realizar experimentos de ciencias simples, enseñar las mediciones a través de proyectos de cocina y costura, y leer libros con capítulos que estén relacionados entre sí.
5. Leer libros sobre personajes de diferentes períodos históricos.
6. Jugar juegos que usen un proceso de pensamiento paso a paso, tal como Cuatro en línea, fichas y juegos de palabras simples como Hangman.
7. Dar oportunidades para pasar tiempo en privado.

Sección 4: Habilidades del Lenguaje

Características de Desarollo

El vocabulario de los niños mayores es mayor que su experiencia. Pueden leer palabras que no comprenden. Pueden determinar el significado de las palabras nuevas sobre la base del contexto (tanto en la comunicación social como en la literatura). Pueden comprender el doble significado de las palabras, que les ayuda a comprender las metáforas, las adivinanzas y los juegos de palabras. Las estrategias de conversación se tornan más definidas.

Cómo aplicar esta información

Brindar oportunidades de lectura, incluso algo tan simple como instrucciones escritas. Alentar a los niños mayores a hablar entre sí y también a hablar y expresarse en grupos pequeños de pares.

Ejemplos de Actividades

1. Crear un club de libros para leer libros de interés apropiados para su edad y debatir sobre ellos.
2. Alentar a los niños mayores a leer materiales relacionados con actividades que están haciendo.
3. Jugar juegos de palabras que enseñen las definiciones de las palabras que los niños mayores saben decir pero que no conocen su significado.
4. Distribuir diarios para que los niños mayores puedan expresarse por escrito.
5. Trabajar en el desarrollo de habilidades de computación para la escritura.

Sección 5: Motivación y Cuestionamiento

Características de Desarollo

Los niños mayores se motivan fácilmente. Están ansiosos y hacen preguntas constantemente. A medida que avanzan en esta etapa, pasan de ser capaces de ver un tema desde el punto de vista de otra persona a ser capaces de ver el tema desde la perspectiva objetiva de un tercero.

Durante esta etapa (y en la próxima) los niños mayores se arriesgan a perder parte de su deseo natural por aprender para sentirse realizado, por placer y dominio, si no se estimula su curiosidad. Comienzan a estar más motivados por las clasificaciones y por la aprobación de los pares, padres y otros adultos significativos.

Cómo aplicar esta información

Alentar a los niños mayores a responder sus propias preguntas para otorgarles un grado de control personal.

Planear actividades estimulantes que fomenten el interés y la curiosidad. Dividir las actividades y las tareas en partes que se incorporen unas a otras para sumar desafíos y apoyar el éxito.

Ejemplos de Actividades

1. Organizar actividades que requieran la exploración y el descubrimiento y que aliente nuevas áreas de interés.
2. Buscar oportunidades de discusiones individuales sobre temas de interés.
3. Invitar modelos de conducta, incluidos los oradores invitados y mentores adolescentes, para pasar tiempo con los niños mayores de modo que puedan ver la relevancia de lo que están aprendiendo y haciendo.

4. Proveer libros y revistas apropiados para su edad de modo que los niños mayores puedan aprender sobre una amplia gama de temas.

5. Enseñar a los niños mayores a encontrar respuestas a sus propias preguntas mediante el uso de libros y sitios Web apropiados.

Alentando el desarrollo social

El desarrollo social contempla las siguientes áreas:

Dependencias—relaciones con los demás con base en las necesidades

Influencia de los pares—la influencia de otros niños de la misma edad

Relaciones de género—interacciones dinámicas entre varones y mujeres y entre niños del mismo sexo

Dinámica de grupo—sistemas de conductas y procesos psicológicos dentro de un grupo social

Cooperación—la forma en que una persona interactúa con los demás y les brinda ayuda

Roles y reconocimiento—conductas y responsabilidades esperadas, y medios para reconocer el éxito

El desarrollo social de los niños durante la segunda etapa de la escuela primaria (tercero a quinto grado) está caracterizado por los siguientes rasgos:

- preferencia por las amistades del mismo sexo con base en los intereses y la frecuencia de contacto
- interés en actividades y grupos organizados, así como también en rituales y ceremonias
- aumento de la rivalidad entre hermanos
- creciente interés en la independencia, aunque la cooperación y la ayuda de los adultos aún resulta necesaria y preferida

Lo que usted debe hacer con los niños mayores es pedirles su opinión mediante actividades grupales cooperativas. Asígneles responsabilidades, alterne tareas de liderazgo y apoye el éxito asegurándoles que ningún niño quedará fuera. Reconozca el sacrificio personal como un aporte al éxito grupal y enséñeles a resolver conflictos. Bríndeles oportunidades de recibir la orientación de adolescentes y aprender de ellos.

Sección 1: Dependencias

Características de Desarollo

Los niños mayores se vuelven más responsables con respecto a sus acciones. Buscan la aprobación de los adultos o los pares; sin embargo, por momentos son críticos de ambas aprobaciones. Luchan por su independencia; sin embargo, quieren y necesitan la ayuda del adulto.

Hasta aproximadamente la edad de diez años, la imparcialidad significa trato equitativo. Entre las edades de diez y doce, los niños se dan cuenta de que la imparcialidad no siempre significa igualdad, que solo puede estar basada en la reciprocidad y el mérito; o sea, el que hace más y mejor obtiene más.

Cómo aplicar esta información

Colocar a los niños mayores en situaciones que requieran responsabilidad. Apoyar y controlar continuamente para ayudarles a concentrarse en la tarea, pero no dominar la situación.

Ejemplos de Actividades

1. Alentar a los niños mayores a ayudar a planear y participar en la implementación de sus actividades.
2. Ofrecer pautas en las que los niños mayores se apoyen para completar sus tareas y actividades.
3. Estar presentes cuando los niños mayores usen computadoras (y teléfonos inteligentes, si fuera relevante) y guiarlos hacia las páginas Web adecuadas que deben usar.

Sección 2: Influencia de los Pares

Características de Desarollo

Los niños mayores comienzan a construir y comprender la amistad y a aprender sobre ellos mismos a través de sus relaciones con los demás. La amistad comienza a estar basada en los intereses junto con la frecuencia de contacto. Los niños de ocho a diez años tienen amistades recíprocas, generalmente denominadas "camaradería", en la que comparten secretos y confían en que no los revelarán. La lealtad comienza a ser importante. Admiran e imitan a los adolescentes mayores.

Posiblemente haya interés, especialmente entre las niñas, en desarrollar y mantener la amistad mediante las herramientas en línea.

Cómo aplicar esta información

Enfatizar las actividades cooperativas y rotar las tareas de liderazgo. En lugar de comparar a un joven con otro, comparar el desempeño presente con el pasado del niño individual. Con la guía del personal, facilitar el aporte del grupo sobre el programa. Dar oportunidades para que los jóvenes aprendan de los adolescentes mayores y sean guiados por ellos.

Promover la aceptación de sí mismos y la tolerancia de las diferencias entre ellos. Enseñar a los niños mayores cómo resolver conflictos y comunicar a los supervisores los incidentes de agresión o acoso.

Ejemplos de Actividades

1. Completar una actividad de limpieza del vecindario en el que los niños mayores trabajen junto para completar la tarea.
2. Rotar las responsabilidades dentro del grupo de modo que todos los niños puedan ser vistos con ojos positivos y responsables.

3. Hacer teatro improvisado de escenarios de acoso o agresividad que permitan a los niños mayores ver las perspectivas del acosador y la víctima.
4. Hacer teatro improvisado de diversos escenarios que muestren el impacto de las diferentes influencias de los pares.
5. Establecer mentores adolescentes para los niños mayores.
6. Educar a los niños mayores sobre el uso seguro de sitios Web educativos y redes sociales apropiados para su edad.
7. Debatir sobre cuestiones de acoso cibernético y seguridad en Internet.
8. Conversar sobre los mensajes de texto seguros en teléfonos celulares, si los niños mayores los usan.

Sección 3: Relaciones según el Género

Características de Desarollo

Los niños mayores prefieren estar y jugar con otros niños de su propio sexo. Comienzan a concentrarse en intereses comunes y la reciprocidad (p. ej. ayudar) y disfrutar las actividades de cooperación con pares del mismo género.

Cómo aplicar esta información

Crear experiencias de aprendizaje para miembros del mismo sexo. Planear actividades mixtas de modo que los niños mayores puedan trabajar juntos. Esto echa los cimientos para el desarrollo de relaciones íntimas saludables en la adolescencia y la adultez.

Ejemplos de Actividades

1. Agrupar de a pares niños y niñas para completar actividades juntos.
2. Proporcionar actividades deportivas mixtas que permitan a los niños mayores la oportunidad de desarrollar intereses y talentos.
3. Organizar grupos específicos por género para actividades físicas y debates sobre higiene.

Sección 4: Dinámica de Grupo

Características de Desarollo

A los niños mayores les gusta ser parte de grupos organizados y de actividades grupales. Además, disfrutan los debates en grupos reducidos de pares. Necesitan ayuda para aceptar a los pares que son diferentes o que han dejado fuera del grupo.

Los niños mayores comienzan a ver las perspectivas de los demás y a incorporar esta visión ampliada en el concepto mayor de lo que está bien y lo que está mal, lo justo y lo injusto.

Cómo aplicar esta información

Enfatizar las experiencias de aprendizaje en grupos grandes y pequeños. Crear oportunidades para involucrar a los niños que sus pares dejaron fuera del grupo.

Ayudar a otros niños a concentrarse en el proceso y en el esfuerzo en lugar de en ganar o perder únicamente.

Ejemplos de Actividades

1. Organizar juegos en equipos.
2. Rotar la responsabilidad con respecto a diferentes actividades grupales entre los pares.
3. Planear actividades que expandan la cantidad de niños que pueden participar.
4. Planear actividades que aumenten la cohesión grupal y desarrollen las habilidades para sobrellevar y resolver problemas y conflictos.

Sección 5: Cooperación

Características de Desarollo

Los niños mayores tienen un sentido leve de individualidad, pero en desarrollo. Prefieren la cooperación antes que la independencia. La rivalidad entre hermanos aumenta en esta etapa. Aunque los niños mayores pueden ser osados y competitivos, prefieren el logro sobre la competencia. Les gusta que los adultos les den ánimo y sugerencias, aunque posiblemente rechacen las sugerencias.

Cómo aplicar esta información

Alentar el éxito tanto individual como grupal. Reconocer que la competencia de los niños mayores con sus amigos requiere la guía y la supervisión de un adulto. Sorprender a los niños adolescentes haciendo algo bueno y alentarlos por su esfuerzo.

Reconocer el sacrificio individual como aporte para el bien del grupo mayor.

Ejemplos de Actividades

1. Permitir que los niños mayores ayuden con las actividades de rutina, tales como sacar el refrigerio, armar los juegos de mesa y organizar los materiales del programa.
2. Iniciar actividades que permitan resaltar el éxito tanto individual como grupal.
3. Organizar torneos en los que todos se enfrenten con todos para enfatizar los diferentes niveles de éxito.
4. Controlar de cerca los juegos competitivos para garantizar la competencia saludable, el juego limpio y el buen espíritu deportivo.
5. Durante las actividades realizadas en equipo, reflexionar sobre los aportes individuales.

Sección 6: Roles y Reconocimiento

Características de Desarollo

A los niños mayores les gustan las responsabilidades y pueden dirigir actividades simples. Se absorben en juegos, rituales y humor. Les gustan los símbolos, las ceremonias, las canciones y las vestiduras.

Cómo aplicar esta información

Dar a los niños mayores responsabilidades adicionales. Reconocer que algunos niños quizá necesiten más apoyo de los adultos que otros. Realizar ceremonias de inducción y reconocimiento cuando los niños mayores se unan y participen en grupos organizados.

Ejemplos de Actividades

1. Asignar roles y responsabilidades organizados y rotarlos entre los miembros del grupo.
2. Realizar una ceremonia de toma de juramento para que los niños mayores se unan a consejos y comités.
3. Planear eventos especiales para reconocer el rol y la contribución de cada miembro del grupo.

CAPÍTULO 8

Apoyando el desarrollo emocional

El desarrollo emocional contempla las siguientes áreas:

Aceptación—grado de apego y aprobación de los demás

Autoevaluación—el proceso de análisis de pensamientos y emociones sobre uno mismo, lo que tiene como resultado la autoestima de una persona

Fracaso y conductas inapropiadas—no tener éxito en algo: desobediencia, conductas antisociales y comportamientos que no respetan los derechos de los demás ni su propiedad

El desarrollo emocional de los niños durante la segunda etapa de la escuela primaria (tercero a quinto grado) está caracterizado por los siguientes rasgos:

- una fuerte necesidad de sentirse aceptados y valiosos y de recibir el reconocimiento por sus logros
- la capacidad de evaluar sus sentimientos de felicidad y satisfacción
- la admiración por los adolescentes y la necesidad de imitar su comportamiento
- la exploración de la independencia emergente, en ocasiones expresada mediante una conducta inapropiada

Lo que usted debe hacer con los niños mayores es alentar sus logros y elogiar sus esfuerzos. Planifique actividades que permitan mostrar las aptitudes de cada uno para mejorar el concepto que cada uno tiene de sí mismo y así fomentar el desarrollo de la autoestima positiva. Ayúdelos a comprender que las personas tienen diferentes intereses y habilidades. Permítales mostrar independencia, alejándolos de las conductas irrespetuosas.

Sección 1: Aceptación

Características de Desarollo

Los niños mayores tienen gran necesidad de sentirse aceptados y de sentirse valiosos entre los pares y los adultos. Admiran y copian las conductas de los niños más grandes.

Cómo aplicar esta información

Buscar modos de establecer el éxito y la aceptación de los niños mayores entre sus pares y con los adultos; no tratar con favoritismo. Elogiar el esfuerzo y alentar el buen trabajo. Ayudar a los niños mayores a comenzar a ver y aceptar que las personas tienen diferentes intereses, habilidades y limitaciones.

Ejemplos de Actividades

1. Hacer que los niños mayores creen certificados, galones y otras formas de reconocimiento para reconocer el éxito.
2. Pasar tiempo con cada niño durante las actividades para alentar el esfuerzo y ayudar a desarrollar habilidades progresivas para completar las tareas.
3. Agrupar en pares a los niños mayores con niños adolescentes que puedan servir como tutores, mentores y entrenadores y como modelos de conducta positiva en las vidas de los niños.
4. Hacer que los niños mayores actúen de mentores de los niños pequeños.

Sección 2: Auto-Evaluación

Características de Desarollo

Los niños mayores son capaces de evaluar sus sentimientos de felicidad y satisfacción general. Pueden expresar sus sentimientos y emociones mediante las palabras. Necesitan la aceptación de los demás, el reconocimiento por hacer un buen trabajo y el aliento por su esfuerzo constante.

Cómo aplicar esta información

Planear actividades que permitan a los niños mayores mostrar sus competencias y triunfar. Reconocerlos por sus logros frente a los pares y los padres. Enfatizar las similitudes entre ellos mismos y los pares.

Alentar a los niños mayores a desarrollar y demostrar diferentes competencias para mejorar el concepto de ellos mismos y así promover el desarrollo de la autoestima positivo.

Ejemplos de Actividades

1. Designar actividades que resalten los intereses y las competencias de los niños mayores.
2. Exhibir las competencias y los resultados en un evento especial para los pares y padres.
3. Permitir que los niños mayores expresen su origen cultural dentro de actividades o mediante eventos especiales.

Sección 3: Fracaso y Conductas Inapropiadas

Características de Desarollo

A medida que los niños mayores avanzan en esta etapa, buscan explorar y expresar su independencia emergente, a veces a través de conductas inapropiadas como la desobediencia, la insolencia y la rebeldía.

Cómo aplicar esta información

Permitir que los niños mayores muestren su independencia mientras los alejamos de las conductas irrespetuosas. Brindarles atención individual siempre que sea posible. Establecer expectativas de conducta y consecuencias firmes, mientras reconocemos que la rebeldía y las conductas relacionadas son normales a esta edad. Desarrollar la responsabilidad para brindar los cimientos para tomar decisiones.

Ejemplos de Actividades

1. Desarrollar tareas que permitan a los niños mayores hacer su propio trabajo, sin la ayuda de los adultos.
2. Dedicar tiempo durante las actividades para hacer que cada niño se sienta especial y aceptado.
3. Ayudar a los niños mayores a comprender las consecuencias de su desobediencia.
4. Hacer teatro improvisado de las situaciones de agresión y acoso apropiadas para su edad, de modo que los niños mayores comprendan que ciertas acciones contra los demás son inapropiadas.

TERCERA PARTE

Guiando a los preadolescentes
(Doce a catorce años de edad)

Fomentando el desarrollo físico

El desarrollo físico contempla las siguientes áreas:

Crecimiento—la maduración y el aumento progresivos del cuerpo

Habilidades motrices—el uso de músculos grandes y pequeños

Necesidades físicas y niveles de energía—necesidades de alimentación y sueño y la cantidad de vigor disponible para un niño o adolescente y consumida por él

Aspecto personal—cómo se ve una persona y la imagen que presenta

El desarrollo físico de los niños durante la escuela media (sexto a octavo grado) está caracterizado por los siguientes rasgos:

- pubertad, con aumentos acelerados de peso y altura y cambios irregulares en el aspecto personal (típicamente dieciocho meses a dos años antes en las niñas)
- incomodidad, falta de coordinación y una sensación de desequilibrio
- buenos niveles de energía y gran apetito

Lo que usted debe hacer con los preadolescentes/niños adolescentes es permitirles expresar sus preocupaciones y temores acerca de la pubertad sin desestimarlos ni juzgarlos. Fomente el perfeccionamiento de las habilidades físicas mediante experiencias de aprendizaje divertidas y activas, evitando, a su vez, las situaciones de torpeza y frustración.

Sección 1: Crecimiento

Características de Desarollo

Los preadolescentes y los niños adolescentes están en la pubertad, según lo indican los rápidos aumentos de peso y altura y los cambios acelerados en el aspecto y la incomodidad física. Las niñas se encuentran en la fase de pleno desarrollo donde tienen lugar el crecimiento óseo y la maduración sexual, mientras que en los niños el período de crecimiento acelerado y la maduración sexual se presentan entre dieciocho meses y dos años más tarde que en las niñas.

Los niños adolescentes experimentan períodos de crecimiento acelerado irregulares las manos, los pies, la nariz y las orejas crecen antes que las extremidades, seguidos del crecimiento troncal. El desarrollo de las características propias de cada sexo a esta edad (primarios: testículos, ovarios y genitales externos; y secundarios: cambio en la voz, actividad de las glándulas sudoríparas y el inicio del acné y el crecimiento del vello corporal) es evidente en las niñas antes que en los niños.

Cómo aplicar esta información

Escuchar los temores y las preocupaciones de los niños adolescentes acerca del desarrollo físico y sexual sin juzgarlos ni trivializarlos. Alentar a los niños adolescentes a dormir lo suficiente (nueve horas) y modelar la actividad física para ellos. Resaltar el estado físico, dado que los niños adolescentes comienzan a adquirir hábitos adultos. Deben ser alentados a trabajar en la idoneidad, competencia y aptitudes físicas aunque sientan el cuerpo extraño.

Ejemplos de Actividades

1. Compartir y debatir sobre vídeos y libros apropiados para que los niños adolescentes se familiaricen con los cambios físicos naturales y normales que experimentan durante la pubertad.

2. Fomentar un estado de salud, aseo personal y hábitos alimenticios apropiados. Ofrecer actividades de cocina y nutrición.

3. Promover actividades como bailar, andar en bicicleta, jugar tenis, caminar, andar en canoa, nadar, jugar golf y salir a correr, que no se ponderan con relación a la destreza física y que pueden continuar a lo largo de toda la vida.

4. Si resulta apropiado para su posición y responsabilidades, otorgarles a los niños adolescentes la oportunidad de hablar sobre la sexualidad con el objetivo de calmar ansiedades asociadas con el desarrollo físico y los pensamientos cambiantes.

Sección 2: Desarrollo Motor

Características de Desarollo

Debido al crecimiento acelerado e irregular, los preadolescentes y los niños adolescentes con frecuencia se sienten extraños, descoordinados y desequilibrados. Muestran interés en habilidades con fines específicos. Si no ponen en práctica una habilidad determinada, pueden perder interés en desarrollarla.

Cómo aplicar esta información

Ser paciente y ofrecer orientación individual durante el aprendizaje de habilidades físicas y manuales en los niños adolescentes. Evitar situaciones que induzcan la torpeza y la frustración y fomentar la práctica de habilidades específicas para lograr su perfeccionamiento.

Alentar a los niños adolescentes a tocar algún instrumento, lo que brinda una excelente práctica de la motricidad fina (habilidades de los músculos pequeños) y estimula el desarrollo mental.

Ejemplos de Actividades

1. Planear juegos cooperativos junto con deportes organizados e improvisados que les permitan a los niños adolescentes utilizar sus destrezas de velocidad, agilidad, equilibrio y resistencia.
2. Promover actividades que exploren pasatiempos y otras áreas de interés, como la pintura, los álbumes de recortes, la fotografía y las colecciones de cartas.
3. Exponer a los niños adolescentes a diferentes ritmos de baile.
4. Proveer oportunidades para tocar y practicar instrumentos musicales.

Sección 3: Necesidades Físicas y Nivel de Energía

Características de Desarollo

Los preadolescentes y los niños adolescentes tienen buenos niveles de energía y gran apetito. Es importante que cuenten con una dieta balanceada y nutritiva y hábitos alimenticios saludables.

Los niños de esa edad están interesados en actividades y deportes activos, aunque pueden cansarse con facilidad debido a patrones de sueño cambiantes y, con frecuencia, horas de sueño insuficientes. El descanso inadecuado está asociado con resultados físicos, académicos y mentales negativos.

Cómo aplicar esta información

Planear experiencias de aprendizaje activas y divertidas; dedicar tiempo al descanso y a hablar sobre la actividad. Promover las nueve horas de sueño necesarias para lograr un rendimiento óptimo y el desarrollo de hábitos alimenticios saludables.

Alentar el consumo saludable de leche, agua, frutas y verduras, cereales y frutas secas y carnes magras. Evitar el consumo de gaseosas y dulces como meriendas y opciones de comidas no saludables.

Ejemplos de Actividades

1. Promover juegos cooperativos, así como también juegos improvisados, como voleibol, basquetbol, sóftbol, fútbol americano sin contacto, fútbol y platillo volador.
2. Organizar clases de gimnasia que trabajen todo el cuerpo y fortalezcan el equilibrio mientras se gasta energía.

3. Proveer opciones de alimentos saludables y fomentar el consumo de comidas y meriendas nutritivas que incluyan agua, leche, jugos 100 por ciento naturales, frutas y verduras.

4. Educar a los niños adolescentes sobre las opciones de comidas y meriendas saludables.

5. Ofrecer una clase de preparación de alimentos donde se planee y cocine un plato saludable.

6. Compartir hábitos de sueño apropiados, con énfasis en la importancia de acostarse a una hora adecuada para dormir toda la noche en función de la hora de levantarse para ir a la escuela.

7. Poner límites sobre el uso de la televisión, la computadora y los juegos de vídeo por las noches en la habitación para crear hábitos de sueño apropiados

Sección 4: Aspecto Físico

Características de Desarollo

Los preadolescentes y los niños adolescentes pueden sentirse incómodos debido a los cambios físicos. Con frecuencia, son más sensibles sobre su aspecto físico y pueden preocuparse por la velocidad con la que se desarrollan. Pueden adoptar extremos, modas pasajeras y afectaciones. Sus actos pueden contradecirse con sus conocimiento (por ejemplo, pueden entender la importancia de la buena higiene, pero no practicarla).

Las niñas de entre once y trece años tienden a ser más altas que los niños. A partir de los catorce años, los niños suelen ser más altos.

Muchas niñas de esta edad están demasiado preocupadas por el peso y la mayoría hará dieta durante la adolescencia.

El rápido aumento de la grasa corporal durante la pubertad lleva con frecuencia a las niñas a sentirse insatisfechas con su cuerpo. Notar las diferencias de origen étnico en las actitudes femeninas; por ejemplo, las niñas adolescentes de raza negra tienden a tener una visión más optimista de su cuerpo.

Cómo aplicar esta información

Ayudar sin decidir la forma en que los preadolescentes o niños adolescentes entienden y manejan su aspecto físico, estableciendo un equilibrio entre el atuendo y el aseo personal y su tipo de cuerpo. Alentar a los niños adolescentes a poner en práctica aquello que entiendan. Aceptar que el aspecto físico es muy importante para ellos y entender su concentración en los hábitos de aseo personal, fomentando, a su vez, una buena higiene.

Ejemplos de Actividades

1. Llevar recursos de moda, cortes de cabello, aseo personal, salud, buen estado físico e higiene a las presentaciones y talleres. Organizar eventos y días especiales.

2. Abrir un ropero con atuendos deportivos para realizar actividad física.

3. Enseñar el rol desempeñado por una buena nutrición y el ejercicio.

4. Fomentar una buena alimentación saludable.

5. Proveerles elementos de la higiene personal a través del programa a niños adolescentes que no cuenten con ellos.

6. Evitar actividades que puedan hacer que los niños adolescentes se sientan avergonzados de su cuerpo.

CAPÍTULO 10

Promoviendo el desarrollo cognitivo

El desarrollo cognitivo contempla las siguientes áreas:

Aprendizaje—crecimiento mental e intelectual

Autocomprensión—conciencia y concepto de uno mismo, incluidas las fortalezas y las debilidades propias

Operaciones mentales—procesos del pensamiento y la capacidad mental

*Capacidades ling*üísticas—capacidad de comunicarse mediante la audición, el lenguaje oral, la lectura y la escritura

Motivación y cuestionamiento—el ímpetu de actuar y hacerse preguntas para comprender las cosas

El desarrollo cognitivo de los niños durante la escuela media (sexto a octavo grado) está caracterizado por los siguientes rasgos:

- avances en la forma de reflexionar sobre sí mismos y los demás
- la aparición de habilidades de pensamiento crítico y resolución de problemas complejos
- la capacidad de pensamiento lógico y abstracto utilizado para encontrar sus propias soluciones
- la capacidad de aceptar proyectos con múltiples pasos a largo plazo
- motivación influenciada por lo que piensan los pares

Lo que usted debe hacer con los preadolescentes/niños adolescentes es fomentar el interés en las ideas, los valores y los problemas sociales. Utilice dilemas morales para analizar sus sentimientos, creencias y valores. Comience a orientarlos en lo referido a las decisiones de vida y ayúdelos a explorar su lugar en la sociedad. Cree oportunidades para que puedan expresarse mediante la escritura y el lenguaje oral.

Sección 1: Aprendizaje

Características de Desarollo

Los preadolescentes y los niños adolescentes están desarrollando su capacidad de pensamiento lógico y abstracto. Pueden pensar de manera independiente y les gusta buscar sus propias soluciones a los problemas y desafíos. Sus habilidades de estudio están en desarrollo.

Los preadolescentes y los niños adolescentes cuentan con mayor comprensión del mundo en mayor dimensión y de la idea de causa y efecto. Ellos basan su criterio moral en las intenciones y los motivos en lugar de las consecuencias. Comprenden que las normas se pueden cambiar de manera cooperativa.

A los niños adolescentes se les exige en cuanto a su capacidad para evaluar con precisión la validez de la información en línea

Cómo aplicar esta información

Crear oportunidades para que los preadolescentes y niños adolescentes comprendan los dilemas morales y exploren sus sentimientos, valores y creencias. Desafiar sus ideas con preguntas reflexivas. Resolver problemas con ellos, sin dar clase ni dictar la respuesta.

Crear un ambiente en el que los niños adolescentes puedan descubrir su lugar en la sociedad. Comenzar a debatir y ofrecer orientación en cuanto a las decisiones de vida, incluyendo la universidad y sus intereses sobre carreras posibles.

Ejemplos de Actividades

1. Ofrecer actividades físicas diarias que apoyen el estado físico mientras avanzan en el desarrollo cognitivo.

2. Hacer que los niños adolescentes participen en juegos de ingenio de matemáticas y ciencias, rompecabezas y adivinanzas.

3. Hacer uso de materiales de muestra cuando trabaje en áreas temáticas escolares, tal como historia y ciencia.

4. Elaborar trabajos y proyectos creativos sobre temas de interés que los grupos comunitarios u organizaciones locales puedan exhibir o mostrar.

5. Practicar las habilidades de resolución de conflictos mediante el teatro improvisado respecto de diversos escenarios.

6. Explorar los valores y dilemas morales al debatir sobre escenarios realistas que puedan enfrentar con solo tres o cuatro variables.

7. Crear oportunidades para que los niños adolescentes sean aprendices de los adolescentes mayores y los adultos.

8. Relacionar las habilidades cotidianas con las elecciones de carreras y explorar las opciones de carreras futuras.

9. Enseñar a los niños adolescentes a no dar información personal en línea ni por teléfono. Conversar con ellos sobre la conducta responsable y ética en Internet y el teléfono celular.

10. 1Controlar el uso de los sitios de charla en línea (*chat*) y de redes sociales y debatir sobre las cuestiones relacionadas con la seguridad.

Sección 2: Auto-Entendimiento

Características de Desarollo

Hay marcados avances en el modo en que los pre-adolescentes y los niños adolescentes piensan sobre ellos mimos y sobre las demás personas, sobre las relaciones sociales y las instituciones sociales y sobre ellos mismos en relación con la sociedad. Comienzan a preocuparse demasiado sobre lo que los demás piensan de ellos y sienten que sus experiencias son únicas. Generalmente no creen que puedan sufrir consecuencias negativas de un comportamiento riesgoso, lo que contribuye a sentimientos de invulnerabilidad. Los niños adolescentes comienzan a pensar sobre lo que podrían hacer cuando sean grandes, aunque todavía desconocen sobre necesidades y valores. Son mejores para planificar que para ejecutar.

Cómo aplicar esta información

Relacionar las habilidades de la vida para las elecciones de carreras, las metas futuras y las consecuencias de las acciones. Hacer preguntas abiertas para alentar a predecir y resolver problemas: "¿Qué sucede si esto no funciona? ¿Qué podría suceder?"

Ejemplos de Actividades

1. Hacer teatro improvisado de figuras culturales históricas y actuales para llegar a comprender bien las perspectivas de las demás personas.
2. Debatir sobre los libros recién leídos y analizar los motivos complejos, y a veces conflictivos, de los diferentes personajes.
3. Otorgar oportunidades para que los niños adolescentes participen en la auto-reflexión.
4. Ver y debatir los programas televisivos y las películas que exponen a los niños adolescentes a diferentes culturas.

5. Organizar eventos y días culturales especiales que otorguen comida, música, lenguaje y actuaciones.
6. Planear excursiones a bibliotecas y museos culturales.
7. Promover las actividades que permitan explorar sobre carreras y fijar objetivos.
8. Alentar a los niños adolescentes a que sigan de cerca a los profesionales.
9. Sugerir oportunidades para actuar como voluntarios que sean apropiadas para su edad e intereses de su grupo.

Sección 3: Operaciones mentales

Características de Desarollo

Los niños adolescentes y pre-adolescentes están listos para abordar proyectos en profundidad a largo plazo. Pueden planear a futuro y organizar tareas y pueden posponer la gratificación. Pueden visualizar resultados y predecir resultados. Comienzan a tornarse idealistas y lógicos. Emerge su razonamiento deductivo, la resolución de problemas complejos y la capacidad de pensamiento crítico.

Los niños adolescentes tienen una perspectiva más profunda y más abstracta del mundo. Pueden comprender situaciones tanto reales como imaginarias y pueden comprender la idea de causa y efecto.

La parte emocional del cerebro de los niños adolescentes es especialmente activa y se desarrolla más rápidamente que las estructuras del razonamiento. Debido a que la parte de razonamiento del cerebro no se desarrolla completamente hasta mucho más tarde, las capacidades emocionales, físicas, y mentales de los niños adolescentes pueden parecer erráticas. Su control de las emociones, los impulsos y las críticas es generalmente inconsecuente.

Cómo aplicar esta información

Crear oportunidades para que los pre-adolescentes y los niños adolescentes participen en roles de liderazgo. Planear actividades que requieran más tiempo y múltiples etapas para terminar. Fomentar en los niños adolescentes el interés en las ideas, los valores y las cuestiones sociales.

Durante las actividades, hacer preguntas para alentar la predicción y la resolución de problemas, tales como ¿Y si esto no funciona? ¿Qué podría suceder? Ayudarles a entender que existen diferentes opciones.

Brindar diferentes oportunidades para que los niños adolescentes exploren las perspectivas y profundicen su comprensión con respecto a los demás.

Ejemplos de Actividades

1. Alentar a los pre-adolescentes y niños adolescentes a llevar un diario.
2. Brindar oportunidades para que los niños adolescentes planeen y guíen a los niños pequeños en actividades de interés. Evaluar los resultados.
3. Organizar un proyecto de la comunidad o vecindario que incluya múltiples etapas, por ejemplo, planificar, considerar opciones, implementar y evaluar.
4. Sugerir a los niños adolescentes, de manera individual o en equipo, que creen una canción con letra y música.
5. Ver y debatir sobre programas televisivos o películas y luego debatir sobre los dilemas, valores y opciones presentados en la historia.
6. Alentar las actividades físicas diarias que apoyen el buen estado físico mientras avanzan en el desarrollo cognitivo.

Sección 4: Habilidades del Lenguaje

Características de Desarollo

Los pre-adolescentes y los niños adolescentes desean aprender e intentar cosas nuevas. La profundidad y el alcance de sus habilidades del habla y los intereses intelectuales son cada vez mayores. Lingüísticamente, desarrollan la capacidad para comprender metáforas y refinar su comprensión del sarcasmo.

Los niños adolescentes pueden adoptar extremos en la forma de hablar y la letra. Las conversaciones normalmente tratan cuestiones sociales. Posiblemente no les guste comunicarse con los adultos.

Cómo aplicar esta información

Brindar nuevas experiencias para que los pre-adolescentes y niños adolescentes expandan el uso del lenguaje tanto escrito como oral y que impliquen desafíos intelectuales.

Ejemplos de Actividades

1. Planear y mantener competencias de escritura de canciones de hip-hop.
2. Distribuir diarios para que los niños adolescentes se expresen por escrito.
3. Alentar a los niños adolescentes a expresarse a través de la poesía.
4. Tener disponible una amplia gama de materiales de lectura informales en diferentes formas: juegos, rompecabezas y revistas de áreas de interés.
5. Hacer preguntas abiertas que promuevan la conversación más sofisticada; hacer que se entrevisten entre ellos y compartan lo que han aprendido con el grupo.

Sección 5: Motivación y Cuestionamiento

Características de Desarollo

Los pre-adolescentes y los niños adolescentes generalmente descubren que lo que les resultaba gratificante y placentero cuando eran más pequeños ya no les resulta así a esta edad.

Los niños adolescentes comienzan a desafiar las suposiciones y las soluciones ya hechas que aceptaban anteriormente. Comienzan a cuestionar las cuestiones morales de manera más sofisticada y a comprender que puede existir más de un modo aceptable de encarar un asunto o problema.

A medida que los niños adolescentes se comienzan a preocupar más sobre lo que los demás piensan de ellos, su motivación es posible que se vea influenciada por lo que a sus pares les gusta o no les gusta.

Cómo aplicar esta información

Conectar las actividades del programa con la cultura, los intereses externos y las vidas sociales de los niños adolescentes. Incorporar tecnología y hechos de las noticias en sus actividades.

Dar oportunidades para que los niños adolescentes exploren modos alternativos de hacer las cosas. Elegir tareas que superen levemente sus capacidades pero que puedan completar con la ayuda mínima de un adulto.

Ejemplos de Actividades

1. Sugerir diversas actividades basadas en eventos actuales para las vidas de los niños adolescentes.

2. Ver programas televisivos y películas que traten temas actuales de justicia e igualdad y debatir sobre ellos.
3. Hacer que los niños adolescentes creen una presentación o actuación sobre un tema social de interés.
4. Organizar excursiones a centros cívicos o históricos fuera del vecindario o la comunidad.
5. Pedir a los niños adolescentes que elaboren una pregunta adecuada para la respuesta suministrada por usted, similar al juego Jeopardy.

Alentando el desarrollo social

El desarrollo social contempla las siguientes áreas:

Dependencias—relaciones con los demás con base en las necesidades

Influencia de los pares—la influencia de otros niños de la misma edad

Relaciones de género—interacciones dinámicas entre varones y mujeres y entre niños del mismo sexo

Dinámica de grupo—sistemas de conductas y procesos psicológicos dentro de un grupo social

Cooperación—la forma en que una persona interactúa con los demás y les brinda ayuda

Roles y reconocimiento—conductas y responsabilidades esperadas, y medios para reconocer el éxito

El desarrollo social de los niños durante la escuela media (sexto a octavo grado) está caracterizado por los siguientes rasgos:

- descubrimiento y creación de su identidad
- un fuerte deseo de reafirmar su individualidad e independencia, desafiando la autoridad y viéndose a sí mismos como separados de su familia
- interés y curiosidad sobre las relaciones románticas y aprendizaje de lo que significa convivir con el sexo opuesto
- influencia de los pares respecto de las decisiones sociales, como la forma de vestir, el aspecto personal y la música

Lo que usted debe hacer con los preadolescentes/niños adolescentes es crear un entorno que respete y aprecie las diferencias en los demás. Utilice la presión positiva de los pares e involucre a los niños para que establezcan sus propias reglas y expresen su opinión con convicción. Ofrézcales actividades mixtas que permitan la interacción de manera segura y saludable. Contemple abiertamente los problemas y los actos de intolerancia y fomente la participación del grupo en cómo abordar las diferentes situaciones.

Sección 1: Dependencias

Características de Desarollo

Los pre-adolescentes y los niños adolescentes se pueden volver más críticos del hogar y los padres a medida que comienzan a desafiar la autoridad. Comienzan a verse separados de su familia. Además, a esta edad, pueden comenzar a desear que no los vean en público con sus padres.

Las discusiones sobre control, libertad y responsabilidades podrían generar peleas. Los niños adolescentes escogerán sus propias soluciones sobre las de los adultos.

La maduración de las habilidades sociales con los pares y los adultos es importante a medida que crecen y aumentan las responsabilidades.

Cómo aplicar esta información

Fomentar la interacción social con los pares y los adultos y reconocer que los pre-adolescentes y los niños adolescentes necesitan mucha orientación de los padres en esta etapa. Además, necesitan exposición a diversos rangos de modelos de conducta positivos de adultos del mismo sexo para fomentar la exploración de identidades de roles del mismo sexo.

Ejemplos de Actividades

1. Dar oportunidades para que los niños adolescentes vean las lecciones que pueden aprender a través del fracaso.
2. Crear equipos para trabajar en un problema que los miembros del equipo necesitan resolver juntos.
3. Alentar las experiencias de aprendizaje fuera de la comunidad e iniciar una exploración más profunda de los roles de liderazgo.

4. Guiar y aconsejar el respeto por los padres mediante el debate general y los escenarios específicos que permitan a los niños adolescentes ver el punto de vista de padre.

5. Debatir sobre el protocolo al redactar mensajes de texto, los sitios web de redes sociales y cómo los niños adolescentes se presentan ante los demás a través de la tecnología.

6. Debatir sobre los amigos y las actividades en línea, las estrategias de *brainstorming* para abarcar cuestiones de acoso cibernético y la seguridad en Internet si surgiera una situación cuestionable.

Sección 2: Influencia de los Pares

Características de Desarollo

Los pre-adolescentes y los niños adolescentes buscan el reconocimiento de sus pares. Se forman amistades cercanas recíprocas y los niños adolescentes comienzan a pasar tiempo con sus grupos de amigos, que normalmente son del mismo sexo.

La susceptibilidad con respecto a la presión de los pares, especialmente para las actividades antisociales, alcanza la cima alrededor de los catorce años.

Los niños adolescentes prestan atención a las opiniones de sus pares sobre ropa, música, actividades de tiempo libre, amistades y cuestiones sociales. Las opiniones de los padres influencian los planes educativos y ocupacionales, las creencias religiosas y la ética. Buscan fuentes externas para obtener información objetiva. Aceptar y rechazar estas influencias comienza a dar forma a su identidad propia.

El interés en desarrollar y mantener amistades a través de herramientas en línea continúa, especialmente entre las niñas.

Cómo aplicar esta información

Guiar a los pre-adolescentes y niños adolescentes a buscar actividades aceptables. Hacer uso de la presión de pares positiva. Apoyar el grupo más grande para alentar a los miembros individuales. Ser consciente del potencial de actos de intolerancia, tal como acoso y otros actos de agresión contra aquellos que no están en el grupo.

Crear un sistema para abordar los problemas abiertamente y hacer que el grupo participe en la aceptación de la responsabilidad por el modo en que se abordó la situación.

Ejemplos de Actividades

1. Iniciar debates grupales orientados a pares con la facilitación de adultos.

2. Crear actividades tales como vigilancia de delitos o grupo de prevención de acoso en el que los niños adolescentes trabajen en pequeños grupos de pares positivos.

3. Ver una película, programa televisivo o PSA que ilumine las malas elecciones debido a la presión de los pares y debatir sobre ello.

4. Planear eventos o actividades especiales que exhiba las diferentes culturas representadas en la comunidad.

5. Enseñar estrategias de resolución de conflictos positivos y practicarlas en actividades de teatro improvisado.

6. Compartir prácticas seguras en línea y el uso apropiado de sitios Web de redes sociales.

7. Hacer teatro improvisado de una escena de acoso cibernético utilizando mensajes de texto de teléfonos celulares, de modo que los niños adolescentes puedan ver las perspectivas del acosador y de la víctima.

8. Debatir sobre diferentes formas de acoso, p. ej. físico, cibernético, verbal y relacional (chismorreo y rumores) y las formas de abordar el tema cuando esto sucede.

Sección 3: Relaciones según el Género

Características de Desarollo

Los pre-adolescentes y los niños adolescentes están aprendiendo a vivir con el sexo opuesto. Se adaptan mejor a los estereotipos de sexo de su edad.

Los niños adolescentes comienzan a prestar atención y mostrar curiosidad en las relaciones románticas. Las relaciones románticas superficiales pueden variar en función de la cultura, los valores, la orientación sexual y las creencias religiosas.

Cómo aplicar esta información

Ofrecer una amplia gama de actividades que permitan a los niños adolescentes estar con el sexo opuesto de manera segura y saludable. Crear un ambiente que respete y aprecie las diferencias y que brinde a todos la misma oportunidad de verse e interactuar con el sexo opuesto en diferentes situaciones.

Ejemplos de Actividades

1. Crear grupos y consejos de planificación de actividades.
2. Organizar fiestas, actividades de recaudación de fondos y otros eventos especiales.
3. Según sea apropiado, proveer información sobre relaciones románticas a principios de la adolescencia y sobre la prevención del abuso en las relaciones.

Sección 4: Dinámica de Grupo

Características de Desarollo

Los pre-adolescentes y los niños adolescentes pueden planear, implementar y evaluar sus actividades sociales y recreativas con la guía de un adulto. Disfrutan la dinámica, los programas y las actividades en grupos de pares reducidos.

Los niños adolescentes que no forman parte de la corriente dominante están comenzando a considerar que existe la necesidad de negociar dos sistemas culturales: su propia cultura y la cultura dominante.

Cómo aplicar esta información

Crear grupos de pares reducidos para planear actividades y eventos con su guía. Alentar y esperar respuesta e implementación. Ayudar a los niños adolescentes a evaluar resultados. Apoyar al grupo a alentar a los miembros individuales.

Ejemplos de Actividades

1. Hacer que los pre-adolescentes y los niños adolescentes participen en la decisión de las reglas de su propio grupo. Darles parámetros a seguir.
2. Formar comités para planear fiestas y otros eventos sociales.
3. Planear actividades que aumenten la cohesión grupal; incorporar las ideas de todos y desarrollar las habilidades para sobrellevar y resolver problemas y conflictos.

Sección 5: Cooperación

Características de Desarollo

Los pre-adolescentes y los niños adolescentes sienten fuertes deseos de reafirmar su individualidad e independencia. Aunque los niños de esta edad aún son dependientes de las pautas de los padres, están en la etapa en que comienzan a cuestionar la autoridad y los valores familiares y a definir y ganar autonomía. Posiblemente comience a no gustarles comunicarse con los adultos. Pueden ser discutidores y quejarse porque los demás no los entienden.

Cómo aplicar esta información

Hacer que los pre-adolescentes y los niños adolescentes participen en las decisiones sobre las reglas del grupo. Establecer parámetros realistas y explicar las razones. Cuando sea posible, dar a los niños adolescentes la posibilidad de ganar sus adquisiciones, según corresponda.

Ejemplos de Actividades

1. Alentar las actividades que fomentan las interacciones sociales y la cooperación.
2. Permitir que los niños adolescentes ayuden a establecer las reglas y las expectativas del grupo y a publicarlas.
3. Sugerir a los niños adolescentes que planeen y creen juntos un collage o mural de arte comunitario.
4. Invitar a los pre-adolescentes a buscar y desarrollar actividades para romper el hielo para utilizar al armar un grupo.
5. Después de terminar una actividad, pedir a los niños adolescentes que identifiquen cualquier "situación difícil" o dilemas éticos que haya surgido, luego debatir sobre el modo en que lo resolvieron y también sobre las alternativas para resolver el conflicto de manera constructiva.

Sección 6: Roles y Reconocimiento

Características de Desarollo

Los pre-adolescentes y los niños adolescentes están descubriendo y creando una identidad de ellos mismos. No están seguros sobre su lugar en la sociedad a medida que desarrollan sus propios puntos de vista sobre cuestiones sociales.

Cómo aplicar esta información

Buscar proyectos comunitarios y eventos en los que los pre-adolescentes y niños adolescentes puedan desempeñar un rol positivo a través de la planificación y la participación. Crear oportunidades que ayuden a desarrollar y refinar las visiones y las opiniones mientras exploran posibles carreras y eventos actuales. Ayudar a los niños adolescentes a encontrar lo que se "adapte" a ellos.

Ser cuidadoso al poner a los niños adolescentes en un aprieto, ya sea por elogios o críticas.

Ejemplos de Actividades

1. Alentar a los niños adolescentes a actuar como voluntarios con los niños pequeños o en la comunidad.
2. Ayudar a los niños adolescentes a planear eventos de servicio a la comunidad tales como día de limpieza de parques, visita a centros de ancianos o visita a refugios de personas sin techo.
3. Ayudar a los niños adolescentes a asistir y hacer una presentación en una reunión del municipio o la ciudad.
4. Crear una serie de exploración de carreras práctica e interactiva que incluya seguir de cerca a trabajadores en áreas de interés o según la necesidad local.

5. Proporcionar programas de empresarios que permitan a los niños adolescentes crear y participar en un negocio.

6. Invitar a las personas de diferentes carreras a participar en debates y exponer a los adolescentes a oportunidades, opciones y direcciones sobre carreras.

CAPÍTULO 12

Apoyando el desarrollo emocional

El desarrollo emocional contempla las siguientes áreas:

Aceptación—grado de apego y aprobación de los demás

Autoevaluación—el proceso de análisis de pensamientos y emociones sobre uno mismo, lo que tiene como resultado la autoestima de una persona

Fracaso y conductas inapropiadas—no tener éxito en algo: desobediencia, conductas antisociales y comportamientos que no respetan los derechos de los demás ni su propiedad

El desarrollo emocional de los niños durante la escuela media (sexto a octavo grado) está caracterizado por los siguientes rasgos:

- aumento de la preocupación respecto de la aceptación de los pares
- emociones más desarrolladas que las capacidades de razonamiento, lo que tiene como resultado que los niños se sientan profundamente afectados por situaciones de tensión
- inseguridad y autocrítica, baja autoestima y sensación de estar totalmente fuera de lugar

Lo que usted debe hacer con los preadolescentes/niños adolescentes es mostrarles paciencia, comprensión y aceptación de sus sentimientos. Es importante comprender la diferencia entre los adolescentes y sus conductas. Prepárese para mantener charlas informales y tranquilizadoras, a corazón abierto. Bríndeles oportunidades de éxito y reconocimiento de sus aptitudes.

Sección 1: Aceptación

Características de Desarollo

Los niños adolescentes están especialmente preocupados sobre la aceptación de sus pares. Los extremos en sus estados emocionales están influenciados por su entorno, capacidades cognitivas, eventos externos y hormonas en menor medida. Los niños adolescentes no solo enfrentan eventos más estresantes sino que los afectan con mayor profundidad. No es solo lo que experimentan sino cómo interpretan las experiencias que justifican su mayor emocionalidad.

Cómo aplicar esta información

Mostrar paciencia, comprensión y aceptación por los sentimientos de los niños adolescentes. Apoyar su necesidad de espacio físico. Recordar que los niños adolescentes son conocidos por dramatizar y sus emociones pueden ser extremas por momentos. Mostrar calidez, afecto y sentido del humor; no rezongar, condenar ni hacer callar. No hacer comparaciones con otros jóvenes.

Ejemplos de Actividades

1. Dar oportunidades para que los niños adolescentes conversen sobre sus temores y desafíos.
2. Crear oportunidades para que los niños adolescentes compartan sin ninguna presión.
3. Organizar actividades, tales como oradores invitados, visitas a restaurants o museos, o actuaciones musicales en vivo que exhiban otras culturas de la comunidad.

Sección 2: Auto-Evaluación

Características de Desarollo

Los pre-adolescentes y niños adolescentes comienzan a desarrollar su propia identidad al cambiar el modo de pensar sobre ellos mismos. Son tímidos, a veces vergonzosos, y generalmente necesitan ayuda para superar los sentimientos de ineptitud e inferioridad. Debido a los diferentes ritmos en los cambios corporales, los niños adolescentes pueden ser terriblemente tímidos, críticos de ellos mismos y vulnerables a períodos de autoestima baja; todo esto puede hacerlos sentir totalmente fuera de lugar.

Cómo aplicar esta información

Dar a los niños adolescentes la oportunidad de elegir cuándo y si "salir a escena". Concentrarse en el desarrollo de habilidades y competencias individuales. Estar disponible para conversar de manera informal tranquilizadora y honesta que estimule a los niños adolescentes a sentirse más seguros. Necesitan diversas oportunidades donde puedan alcanzar el éxito y en las que otras personas reconozcan sus competencias.

Ejemplos de Actividades

1. Debatir sobre libros y música de interés para los niños adolescentes.
2. Visitar universidades escuelas técnicas, museos, lugares de trabajo y eventos comunitarios para apoyar la necesidad de los niños adolescentes de explorar y desarrollar su propia identidad.
3. Dar oportunidades para que los niños adolescentes les tiendan la mano a los demás en diversos marcos sociales.
4. Alentara los niños adolescentes a hacer de mentores de los niños pequeños.

5. Invitar a los niños adolescentes a desarrollar sus propios estándares y evaluar las mejoras.

6. Permitir que los niños adolescentes expresen su origen cultural dentro de actividades o mediante eventos especiales.

Sección 3: Fracaso y Conductas Inapropiadas

Características de Desarollo

Los pre-adolescentes y los niños adolescentes pueden experimentar cambios corporales que causen sentimientos de vergüenza y fracaso. Esto puede originar baja autoestima, poco control del impulso y falta de receptividad a la atención positiva.

Aunque que los niños adolescentes realmente quieren que un adulto los guíe, rechazan el dominio y les molestan las críticas. Abandonan las visiones definidas por los padres, creen que saben todo y rechazan la ayuda.

Cómo aplicar esta información

Planear actividades que ayuden a los niños adolescentes a compararse con sus propios estándares. Ayudarles a reírse de ellos mismos —sin reírse de ellos— y aceptar los cambios corporales, tal como el tono de voz, que puede ser embarazoso. Alentar a los niños adolescentes a trabajar con los adolescentes mayores y los adultos en el aprendizaje de un oficio y otras experiencias de aprendizaje.

No criticar ni usar conductas "en la cara" con los adolescentes. Evitar ponerlos en evidencia, ya sea por elogios o críticas.

Ejemplos de Actividades

1. Alentar a los niños adolescentes a servir como voluntarios con los ancianos o personas discapacitados para apreciar lo que tienen.
2. Ver películas y programas televisivos que muestren cómo se construye el éxito tras el fracaso o cómo las consecuencias negativas siguen a la desobediencia y debatir sobre ello.

3. Hacer que los niños adolescentes hagan trabajos de investigación en la computadora y compartan historias inspiradoras que muestren cómo los demás construyeron su éxito tras el fracaso.

4. Permitir a los niños adolescentes establecer reglas de conducta y las consecuencias por incumplimiento en su programa.

5. Debatir sobre las consecuencias y la posible cadena de eventos que puede originar la desobediencia.

6. Ayudar a los niños adolescentes a procesar sus éxitos y evaluar qué podrían hacer mejor en una situación donde sienten que han fallado.

7. Hacer teatro improvisado de diversas formas de acoso, por ejemplo, físico, cibernético, chismorreo y rumores, de modo que los niños adolescentes comprendan que reaccionar contra los demás es inapropiado.

CUARTA PARTE

Orientando a los adolescentes
(Quince a dieciocho años de edad)

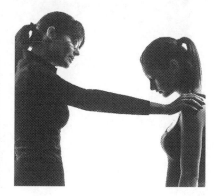

Fomentando el desarrollo físico

El desarrollo físico contempla las siguientes áreas:

Crecimiento—la maduración y el aumento progresivos del cuerpo

Habilidades motrices—el uso de músculos grandes y pequeños

Necesidades físicas y niveles de energía—necesidades de alimentación y sueño y la cantidad de vigor disponible para un niño o adolescente y consumida por él

Aspecto personal—cómo se ve una persona y la imagen que presenta

El desarrollo físico de los adolescentes durante la escuela secundaria (noveno a duodécimo grado) está caracterizado por los siguientes rasgos:

- vivencia de las últimas etapas de la pubertad en las que los varones igualan e incluso superan a las mujeres en lo que respecta al crecimiento
- superación de la incomodidad anterior respecto del crecimiento al perfeccionarse en lo que les interesa
- mayor comprensión de su cuerpo, aunque aún están conociendo sus límites
- preocupación por la imagen física y un exagerado interés en el aspecto personal

Lo que usted debe hacer con los adolescentes es ayudarlos a desarrollar hábitos de salud para toda la vida basados en la práctica de deportes, el ejercicio y las actividades de tiempo libre. Bríndeles oportunidades de desarrollar las habilidades físicas de su interés a nivel avanzado. No le dé más importancia al aspecto personal del que ya le dan los adolescentes, pero promueva una buena alimentación, hábitos adecuados de sueño y actividad física periódica.

Sección 1: Crecimiento

Características de Desarollo

Los adolescentes mayores avanzan hacia la etapa media-final de la pubertad. Aún crecen a diferentes velocidades, pero ahora los niños han alcanzado e incluso superado a las niñas en altura. El aumento de peso continúa debido al incremento del desarrollo muscular y la grasa corporal. El resultado es un menor rango de tamaño y madurez entre pares en comparación con los adolescentes de nivel secundario.

Cómo aplicar esta información

Poner énfasis en actividades y experiencias activas que desafíen a los adolescentes mayores —que ahora presentan un menor rango de tamaño y madurez entre pares— a tener un mejor estado físico y de salud.

Ejemplos de Actividades

1. Organizar actividades físicas al aire libre que incluyan excursiones de campo que promuevan el contacto con la naturaleza.
2. Promover actividades al aire libre como patinar, jugar al "Hacky Sack" (juego de destreza con pelota), caminar y correr.
3. Promover actividades físicas aeróbicas y anaeróbicas.
4. Ofrecer actividades de cocina y nutrición.

Sección 2: Desarrollo Motor

Características de Desarollo

Los adolescentes mayores han superado casi por completo la incomodidad atribuida a los períodos de crecimiento acelerado e irregular que caracterizan a la pubertad. Ya han perfeccionado habilidades físicas de su interés. Tienden a tener una mejor comprensión y una visión más realista de las limitaciones de su cuerpo; sin embargo, aún requieren educación y orientación sobre cómo poner atención a las pistas que les da el cuerpo con relación a sus limitaciones, así como también la necesidad de una buena nutrición y descanso suficiente.

Cómo aplicar esta información

Pedirles a los adolescentes mayores su opinión y otorgarles oportunidades de desarrollo de habilidades físicas y manuales de nivel avanzado, en función de sus intereses. Educarles y guiarles en lo referido a asumir riesgos físicos, incluyendo la comprension cuando las malas decisiones pueden provocar lesiones.

Ejemplos de Actividades

1. Fomentar actividades físicas desafiantes y divertidas, como carreras de resistencia, baile, muros de escalada y levantamiento de pesas.
2. Promover deportes organizados y juegos improvisados, como béisbol, sóftbol, fútbol americano sin contacto, basquetbol y fútbol.
3. Agudizar las habilidades de coordinación ojo-mano con proyectos de arte basados en informática y diseño de maquetas en 3D.
4. Continuar con las actividades de pintura, escultura, artesanías y manualidades y demás áreas de interés.

Sección 3: Necesidades Físicas y Nivel de Energía

Características de Desarollo

Un descanso adecuado, una buena nutrición y actividad física periódica son los pilares de la buena salud de los adolescentes mayores. El nivel de energía de los adolescentes mayores disminuye en comparación con las etapas anteriores de desarrollo. Los niveles de energía de los adolescentes varían a lo largo del día; tienden a tener un nivel bajo por la mañana y un pico de energía y atención alrededor de las trece de la tarde. Los adolescentes mayores pueden ser considerados como vagos, lo que constituye un error.

El descanso inadecuado está asociado con resultados físicos, académicos y mentales negativos.

Cómo aplicar esta información

Ayudar a desarrollar hábitos de estado físico de por vida en adolescentes mayores, brindándoles actividades físicas que les interesen y que apoyen sus metas referidas a los deportes, la gimnasia y el entretenimiento. Alentarlos a dormir entre ocho y nueve horas, que son las que se necesitan para que su rendimiento sea óptimo, y a llevar una dieta saludable.

Evitar el consumo de gaseosas y dulces como meriendas y opciones de comidas no saludables. Alentar el consumo saludable de leche, agua, frutas y verduras, cereales y frutas secas y carnes magras.

Ejemplos de Actividades

1. Promover los deportes improvisados en equipo, como el voleibol, el basquetbol, el sóftbol, el fútbol americano sin contacto y el

fútbol, así como también los deportes de interior y ligas de deportes.

2. Apoyar actividades individuales, gimnasia aeróbica, carreras de resistencia, natación, golf y cursos de gimnasia.

3. Ofrecer actividades desafiantes como circuitos de cuerdas y desafíos acuáticos.

4. Proveer opciones de alimentos saludables y fomentar el consumo de comidas y meriendas nutritivas que incluyan agua, leche, jugos 100 por ciente naturales, frutas y verduras.

5. Educar a los adolescentes mayores sobre las opciones de comidas y meriendas saludables.

6. Ofrecer una clase de preparación de alimentos donde se planee y cocine un plato saludable.

7. Compartir hábitos de sueño apropiados, con énfasis en la importancia de acostarse a una hora adecuada para dormir toda la noche en función de la hora de levantarse para ir a la escuela.

8. Poner límites sobre el uso de la televisión, la computadora y los juegos de vídeo por las noches en la habitación para crear hábitos de sueño apropiados.

Sección 4: Aspecto Físico

Características de Desarollo

Los adolescentes mayores continúan sintiéndose preocupados por la imagen física y teniendo un interés desmedido en su aspecto físico. Luchan por cumplir con las normas de atractivo físico, tanto sociales como de sus grupos de pares. Las adolescentes pueden volverse muy susceptibles respecto de su peso. La mayoría estará a dieta durante la adolescencia.

Se forman los gustos y estilos personales que se consolidarán durante esta etapa. Es de esperarse que se experimenten varios estilos.

A partir de los catorce años, los niños suelen ser más altos que las niñas.

Cómo aplicar esta información

Tener cuidado de no poner más énfasis en el aspecto físico que el que ya ponen los propios adolescentes mayores —especialmente las niñas, dado que viven en una sociedad que tiende a destacar el aspecto físico sobre otras cualidades más sustanciales. El aseo personal es importante y debe debatirse, pero no se debe darle tanta importancia a la moda, los cortes de cabello y demás atributos superficiales. Dado que los adolescentes mayores están preocupados por su aspecto físico, es el momento adecuado, desde el punto de vista del desarrollo, de enseñarles la importancia de la actividad física y la alimentación saludable. Evitar comparaciones o críticas sobre el tamaño, la contextura, la estatura o el aspecto físico de los adolescentes mayores.

Ejemplos de Actividades

1. Fomentar actividades físicas y deportes de entrenamiento general que promuevan el desarrollo de la autoestima ya que los

adolescentes mayores pueden notar los beneficios que conlleva el hecho de que sus cuerpos sean más saludables.

2. Poner énfasis en las actividades físicas que pueden continuar a lo largo de toda la vida.

3. Ayudar a los adolescentes mayores a planear menúes saludables y destacar la importancia de una buena nutrición.

4. Otorgar oportunidades para que los adolescentes mayores aprendan cómo hacer para sentirse atractivos.

5. Ofrecer un curso de etiqueta adecuado para adolescentes mayores.

CAPÍTULO 14

Promoviendo el desarrollo cognitivo

El desarrollo cognitivo contempla las siguientes áreas:

Aprendizaje—crecimiento mental e intelectual

Autocomprensión—conciencia y concepto de uno mismo, incluidas las fortalezas y las debilidades propias

Operaciones mentales—procesos del pensamiento y la capacidad mental

*Capacidades ling*üísticas—capacidad de comunicarse mediante la audición, el lenguaje oral, la lectura y la escritura

Motivación y cuestionamiento—el ímpetu de actuar y hacerse preguntas para comprender las cosas

El desarrollo cognitivo de los adolescentes durante la escuela secundaria (noveno a duodécimo grado) está caracterizado por los siguientes rasgos:

- intereses más especializados con habilidades de resolución de problemas y razonamiento avanzado
- una mayor preocupación por la sociedad en su totalidad
- la capacidad de establecer prioridades, hacer planes y evaluar resultados
- buen criterio de capacidades
- La capacidad de imaginar el impacto de los actos presentes en el futuro

Lo que usted debe hacer con los adolescentes es apoyar la exploración de nuevas ideas, la toma de decisiones y la evaluación de los resultados. amplíe sus expectativas sugiriéndoles áreas de interés relacionadas y fomente su participación en situaciones de resolución de problemas de la vida real. Cree oportunidades de orientación y participación cívica. Respalde nuevas responsabilidades como conducir y trabajar.

Sección 1: Aprendizaje

Características de Desarollo

Los adolescentes mayores están desarrollando habilidades avanzadas de razonamiento y resolución de problemas. Su pensamiento se torna más avanzado, más eficiente y generalmente más complejo. Pasan mucho tiempo evaluando sus propios pensamientos y también considerando lo que piensan los demás.

Los adolescentes mayores atraviesan un período de intereses similares a los de los adultos. Se vuelven más conscientes con respecto a la sociedad como un todo, especialmente a las leyes, la autoridad y las responsabilidades y deberes cívicos.

Los adolescentes mayores pueden establecer prioridades, hacer planes, llevarlos a cabo y evaluar los resultados.

Cómo aplicar esta información

Crear oportunidades para que los adolescentes mayores exploren situaciones hipotéticas en profundidad y amplíen sus preocupaciones y perspectivas sociales. Crear oportunidades para que actúen de mentores y realicen actividades cívicas para adolescentes mayores. Planear actividades que requieren paciencia y esfuerzo, junto con el apoyo de un adulto.

Ejemplos de Actividades

1. Debatir sobre establecer metas y los pasos necesarios para alcanzar las metas.
2. Hacer teatro improvisado de actividades de planificación cotidiana, con énfasis en cuestiones del consumidor, planificación financiera y manejo del dinero.

3. Examinar situaciones de la vida real en las que los adolescentes pueden resolver problemas, descubrir nuevas ideas, tomar decisiones, llevar a cabo tareas y evaluar resultados.

4. Explorar las letras de las canciones para ver cómo se tratan las cuestiones de la vida en forma poética.

5. Alentar las actividades de mentores entre pares y otras actividades de asistencia mutua para ayudar a los adolescentes mayores con tareas escolares, habilidades de computación, ofertas de empleo y similares.

6. Crear oportunidades para que los adolescentes mayores puedan dar clases particulares y entrenamiento para trabajar con los niños pequeños y adolescentes.

7. Acceder a los recursos vocacionales y explorar el mercado laboral.

8. Hacer que los adolescentes investiguen sobre un tema y presenten sus hallazgos en un foro comunitario local.

9. Concurrir a una reunión municipal y luego debatir sobre el rol del municipio y cómo se manejaron los asuntos.

10. Alentar las actividades físicas diarias que apoyan el buen estado físico mientras avanzan en el desarrollo cognitivo.

11. Enseñar a los adolescentes mayores a no dar nunca información personal en línea.

12. Hacer teatro improvisado y debatir sobre la conducta responsable y ética en línea.

13. Debatir sobre cuestiones de seguridad y privacidad involucradas con los sitios de redes sociales.

Sección 2: Auto-Entendimiento

Características de Desarollo

La comprensión de los adolescentes mayores sobre ellos mismos se ve influenciada, en parte, por sus múltiples roles y categorías de membrecía —como un joven o mujer joven en busca de una vocación o carrera en particular en relación con los demás— y por la conciencia sobre sus propios rasgos de personalidad.

Los adolescentes mayores se tornan más críticos de sus capacidades. Las metas en sus vidas pasan de la fantasía a la realidad. Su filosofía personal comienza a emerger. Se produce mayor madurez en cuanto a la apariencia personal, la sexualidad, los valores, la amistad y la identidad étnica. Saben donde "encajan" a medida que incorporan las opiniones de sus pares y adultos influyentes así como sus propias experiencias.

Cómo aplicar esta información

Planear actividades que permitan a los adolescentes mayores a explorar y expresar su individualidad y sus filosofías. Proporcionar actividades riesgosas controladas y supervisadas, tal como recorridos por sogas y paredes para escalar. La seguridad es de primordial importancia para las actividades que estimulan o parecen brindar una experiencia de alto riesgo.

Fomentar el desarrollo de la crítica y la toma de decisiones fundamentadas ayudando a los adolescentes mayores a comprender lo que es importante en la vida y qué factores se deben considerar al evaluar alternativas.

Apoyar responsabilidades nuevas, tal como conducir. Destacar la importancia de la educación vial y alentar el buen criterio y los hábitos seguros.

Ejemplos de Actividades

1. Alentar a los adolescentes mayores a aprender a través del servicio y brindar oportunidades para que actúen de mentores de los niños menores.

2. Hacer que los adolescentes mayores debatan y presenten argumentos convincentes basados en las perspectivas opuestas a las de ellos.

3. Organizar días y eventos culturales especiales que otorguen comida, música, lenguaje y actuaciones.

4. Planear excursiones especiales a diferentes restaurantes y vecindarios étnicos.

5. Apoyar la exploración de la identidad étnica y cultural de los adolescentes mayores a través de actividades, excursiones, eventos especiales y discusiones activas sobre cuestiones sociales actuales.

6. Realizar actividades de alto riesgo seguras y controladas, tal como recorridos por sogas y paredes para escalar, supervisadas por profesionales calificados.

7. Tratar las habilidades para desenvolverse en la vida, tal como la administración del dinero, las expectativas laborales y la participación cívica.

8. Brindar oportunidades para que los adolescentes mayores practiquen sus habilidades para realizar entrevistas.

9. Hacer teatro improvisado de prácticas de manejo poco seguras y explorar las consecuencias.

Sección 3: Operaciones mentales

Características de Desarollo

Los adolescentes mayores tienen la capacidad mental y deseo de considerar múltiples perspectivas sobre un tema determinado y de participar en actividades a largo plazo que incluyan múltiples etapas. Pueden imaginar el impacto del comportamiento presente en el futuro. Su capacidad para razonar y tomar decisiones como adultos está en desarrollo, aunque es poco probable que puedan hacerlo en circunstancias estresantes.

Los adolescentes mayores pueden ser críticos de los adultos y pares que no hacen lo que ellos creen que es justo o correcto. Están atentos a las inconsistencias respecto de lo que los adultos dicen que se debe hacer frente a lo que realmente hacen.

Debido a que el desarrollo de las partes superiores de funcionamiento del cerebro responsables del pensamiento bien planeado aún no están completas, algunos adolescentes pueden ser inconsistentes en el control de sus emociones e impulsos y en sus experiencias con respecto al buen criterio.

Cómo aplicar esta información

Planear discusiones en grupos tanto grandes como pequeños sobre diferentes ideas y conceptos abstractos.

Dar a los adolescentes mayores oportunidades para aprender de las experiencias: fijar una experiencia, hacer que las compartan, procesar luego qué les pareció la experiencia, generalizar la experiencia a implicaciones más amplias y aplicar lo que aprendieron de la experiencia en sus vidas.

Orientando a los adolescentes (Quince a dieciocho años de edad)

Alentar a los adolescentes mayores a tomar responsabilidades con respecto a su propio comportamiento y decisiones y considerar el impacto y las consecuencias potenciales de sus acciones en la salud y el bienestar de ellos y de las demás personas.

Ejemplos de Actividades

1. Crear oportunidades para que los adolescentes mayores ayuden a los demás, tales como niños pequeños y ancianos, y procesar la experiencia posterior con los adultos y los pares.
2. Mantener debates grupales semanales sobre eventos actuales.
3. Invitar a oradores invitados a hacer una presentación sobre un tema en particular y participar en la segunda etapa de discusiones.
4. Alentar a los adolescentes mayores a dar presentaciones en foros cívicos y participar en otros eventos comunitarios, luego procesar la experiencia posterior con adultos y pares.
5. Alentar las actividades físicas diarias que apoyen el buen estado físico mientras avanzan en el desarrollo cognitivo.

Sección 4: Habilidades del Lenguaje

Características de Desarollo

Los adolescentes mayores disfrutan demostrar el conocimiento que han adquirido.

La motivación personal supera las limitaciones en cuanto al vocabulario y la experiencia mientras tratan de expresarse.

Cómo aplicar esta información

Hacer que los adolescentes mayores participen en debates que pongan a prueba y expandan tanto su vocabulario como su comprensión de un tema.

Planear diferentes tipos de proyectos para alentar la escritura creativa y otros estilos de escritura.

Ejemplos de Actividades

1. Ofrecer maestros de ceremonias y otros programas que enseñen a los adolescentes mayores cómo hacer efectivas las presentaciones verbales.
2. Alentar a los adolescentes mayores a participar —o formar— clubes que apoyen el desarrollo de las habilidades del lenguaje, tales como clubes literarios, clubes de debates, círculos de lectores y grupos de discusión.
3. Supervisar un boletín informativo realizado por adolescentes que incluya artículos que ellos inicien y escriban.
4. Desafiar a los adolescentes mayores con un proyecto de investigación que requiera investigar mediante la computadora y luego hacer que creen una presentación para mostrar sus resultados.

Sección 5: Motivación y Cuestionamiento

Características de Desarollo

Los adolescentes mayores descubren que sus intereses se tornan más especializados. Tienden a concentrarse en una causa en particular y a exhibir un interés en la justicia y la igualdad. Crean nuevas posibilidades basadas en la información y pierden la paciencia con actividades insignificantes. Los pares pueden ser motivadores poderosos de su comportamiento.

Los adolescentes mayores reconocen que las personas pueden tener múltiples motivos y emociones, posiblemente conflictivos. Pueden ver un tema desde un punto de vista objetivo y comprenden la influencia de los valores de la sociedad.

Cómo aplicar esta información

Los adolescentes mayores pueden realizar proyectos con mucha más profundidad. Buscar actividades que estimulen y ofrezcan un grado de control personal para proporcionar la sensación de pertenencia. Desafiarlos con tareas que sean levemente superiores a su nivel de capacidad.

Ampliar la perspectiva general de los adolescentes mayores sugiriendo áreas de interés relacionadas. Hacer que participen en situaciones de resolución de problemas de la vida real. Permitir que exploren nuevas ideas, tomen decisiones y evalúen los resultados.

Ejemplos de Actividades

1. Dar oportunidades para que los adolescentes mayores planee y participen en actividades de interés de servicio a la comunidad, tal como limpieza de la naturaleza y visitas al centro de ancianos.

2. Fomentar el interés en los problemas comunitarios y globales en los que los adolescentes mayores expresen su preocupación y debatir sobre ello.

3. Hacer que los adolescentes mayores lean un artículo y desarrollen preguntas o expongan sus opiniones sobre lo que han leído.

4. Ver programas televisivos y películas que traten asuntos actuales de justicia e igualdad y debatir sobre los modos en que las lecciones se pueden aplicar en forma local.

5. Invitar modelos de conducta, incluidos los oradores invitados y los mentores de edad universitaria, para que visiten su programa de modo que los adolescentes mayores puedan ver la relevancia de lo que están aprendiendo y haciendo.

6. Proveer información de planificación de la vida y recursos de la Web y estar disponible para guiar y alentar a los adolescentes mayores que están pensando en los próximos pasos en sus vidas.

CAPÍTULO 15

Alentando el desarrollo social

El desarrollo social contempla las siguientes áreas:

Dependencias—relaciones con los demás con base en las necesidades

Influencia de los pares—la influencia de otros niños de la misma edad

Relaciones de género—interacciones dinámicas entre varones y mujeres y entre niños del mismo sexo

Dinámica de grupo—sistemas de conductas y procesos psicológicos dentro de un grupo social

Cooperación—la forma en que una persona interactúa con los demás y les brinda ayuda

Roles y reconocimiento—conductas y responsabilidades esperadas, y medios para reconocer el éxito

El desarrollo social de los adolescentes durante la escuela secundaria (noveno a duodécimo grado) está caracterizado por los siguientes rasgos:

- el deseo de autonomía y respeto, y de actividad social
- amistades cercanas y duraderas, y el interés en las relaciones
- comprensión de su rol en la sociedad y el aporte que pueden hacer
- pensamientos relacionados con abandonar el hogar para estudiar, el empleo, el matrimonio y demás cuestiones

Lo que usted debe hacer con los adolescentes es promover la aceptación y la apreciación de las diferencias mediante la creación de un entorno seguro, respetuoso e integrador. Ayúdelos a comprender las normas de la sociedad y la responsabilidad respecto de sus propios actos. Presénteles opciones de educación, desarrollo profesional y demás cuestiones mediante viajes y excursiones. Fomente el interés en la comunidad y los problemas mundiales y su análisis.

Sección 1: Dependencias

Características de Desarollo

Los adolescentes mayores están estableciendo su autonomía, transformándose en jóvenes adultos independientes y autónomos. Desean el respeto de los pares y adultos que ellos admiran. Necesitan y desean ser muy activos a nivel social.

La elección personal se puede usar como justificación para oponerse a las normas de los padres o la sociedad. A medida que avanzan en esta etapa y se reduce la conciencia de sí mismo, la ansiedad que algunos sienten por no querer que los vean en público con sus padres disminuye, dado que los adolescentes mayores comienzan a interactuar más con sus padres como personas.

Cómo aplicar esta información

Enfatizar el desarrollo mental y social de los adolescentes mayores haciendo que actúen de voceros en el programa.

Reconocer y apoyar las dependencias de los adolescentes mayores incluso a medida que avanzan hacia mayor independencia.

Debatir sobre las estrategias de resolución de conflictos efectivas.

Ejemplos de Actividades

1. Introducir a los adolescentes mayores a otros entornos, tal como los campus universitarios, ambientes de trabajo y nuevas ciudades y con otros adolescentes que compartan la misma experiencia.

2. Hacer que los adolescentes mayores investiguen sobre un tema actual y debatan sobre él entre ellos o presenten sus hallazgos en un foro comunitario local.

3. Dar oportunidades para que debatan en grupo y en forma individual sobre la toma de decisiones.

4. Hacer teatro improvisado de diversas situaciones y practicar las habilidades de resolución de conflictos y negociación.

5. Hacer teatro improvisado y debatir sobre la dependencia continua de los adolescentes con respecto a los padres, tal como ir a la universidad o comprar su primer auto.

6. Debatir sobre el protocolo al redactar mensajes de texto, los sitios web de redes sociales y cómo los adolescentes mayores se presentan ante los demás a través de la tecnología

7. Debatir sobre las estrategias para abarcar cuestiones de acoso cibernético y la seguridad en Internet.

Sección 2: Influencia de los Pares

Características de Desarollo

Los niños mayores tienen la capacidad de reconocer el estatus de su grupo entre los pares. Ellos desean amistades intensas, cercanas y duraderas a medida que pasan más tiempo con los amigos que con la familia. La presión de los pares continúa a lo largo de la adolescencia, aunque es menos efectiva en la mayoría de los adolescentes de esta edad.

Los adolescentes mayores están aprendiendo a controlar sus impulsos y resistir la presión de los demás. "Seguir a la manada" disminuye, aunque el ser aceptado en el grupo aún es importante.

El interés en desarrollar y mantener amistades a través de las herramientas en línea continúa, especialmente entre las niñas.

Cómo aplicar esta información

Ayudar a los adolescentes mayores a comprender las reglas de la sociedad y a hacerse responsables de sus acciones dentro de su grupo de pares.

Establecer un clima inclusivo que aliente a todos.

Ejemplos de Actividades

1. Hacer que los adolescentes mayores fijen las reglas y las consecuencias del programa, quizá mediante un consejo adolescente.
2. Promover la interacción de los pares al crear clubes basados en los intereses.
3. Invitar oradores que tengan experiencias propias con una mala consecuencia por seguir las elecciones de los pares, luego procesar la presentación en forma grupal.

4. Debatir sobre el uso apropiado de salones de chat monitoreados y el uso seguro de los sitios Web de redes sociales.

5. Hacer teatro improvisado y debatir sobre una escena de acoso cibernético a través de un sitio Web de redes sociales y la forma de abordar un acoso cibernético cuando esto sucede.

6. Hacer que los adolescentes mayores intercambien ideas y luego las implementen para promover un clima de cooperación e inclusión para el programa, sin acoso ni otra clase de agresión.

Sección 3: Relaciones según el Género

Características de Desarollo

Los adolescentes mayores ponen a prueba su atractivo sexual y se interesan en las citas, el sexo y las relaciones románticas. Idealizan la sexualidad y buscan la intimidad emocional a través de las relaciones abiertas, honestas, generosas y confiadas. El comportamiento estereotipado por sexo normalmente alcanza la cima durante el comienzo de esta etapa.

Los adolescentes mayores pueden sentirse incómodos al demostrar afecto dentro de una relación romántica, pero gradualmente se sentirán más cómodos con su sexualidad —tanto física como cognitivamente— a medida que pase el tiempo. Al final de esta etapa, los adolescentes tienden a haber desarrollado una identidad sexual que encaja con ellos y su conducta se torna más flexible.

Las diferencias culturales pueden causar conflictos porque normas de citas varían entre grupos étnicos.

Cómo aplicar esta información

Crear actividades tales como excursiones y danzas que permitan a los adolescentes mayores interactuar en diversas situaciones y observar el comportamiento de cada uno. Según sea apropiado para su rol, proporcionar respuestas honestas sobre el sexo. Observar todo cambio en la conducta y evaluar si es necesaria la guía o la orientación de un adulto.

Promover la aceptación y el reconocimiento de las diferencias creando un entorno seguro, respetuoso e inclusivo.

Ejemplos de Actividades

1. Organizar proyectos y actividades co-educativas orientadas por grupo.
2. Ayudar a los adolescentes mayores a planear y organizar danzas estacionales y otras reuniones sociales.
3. Ayudar a los adolescentes mayores a planear y asistir a excursiones fuera del área hacia lugares de interés social o cultural.
4. Brindar información sobre citas de adolescentes saludables y la importancia de las buenas habilidades de comunicación dentro de estas relaciones, así como la información sobre la prevención de abuso en las relaciones.
5. Debatir sobre los puntos de vista de la sociedad sobre los roles de cada sexo para comprender las diferentes perspectivas.

Sección 4: Dinámica de Grupo

Características de Desarollo

Los adolescentes mayores pueden comprender su rol en la sociedad en general y el aporte que pueden hacer al mundo. Están re-negociando relaciones y desarrollando mayor preocupación por el bienestar de los demás individuos y del grupo en su comunidad y más allá.

Los adolescentes mayores que no forman parte de la corriente dominante aprenden cómo negociar dos sistemas culturales: su propia cultura y la cultura dominante.

Cómo aplicar esta información

Brindar a los adolescentes mayores opciones, sugerencias y alternativas en lugar de instrucciones y órdenes. Apoyar un clima de cohesión que aliente y respete a los miembros individuales. Alentar el interés y el debate sobre problemas de la comunidad y el mundo.

Ejemplos de Actividades

1. Crear un grupo que se reúna semanalmente en el que los adolescentes mayores sean responsables de las reglas, los procesos y los resultados con poca guía del adulto. Por ejemplo, dejar que los adolescentes mayores planeen viajes, organicen logística y recolecten dinero para cubrir los gastos.
2. Ayudar a los adolescentes mayores a planear e implementar un proyecto de servicio a la comunidad.
3. Ayudar a los adolescentes mayores a dirigir o participar en reuniones municipales sobre cuestiones que sean relevantes para ellos.

4. Dar tiempo y espacio para que los adolescentes mayores pasen tiempo con sus amigos.

5. Planear actividades que aumente la cohesión del grupo; incorporar las ideas de todos y desarrollar las habilidades para sobrellevar y resolver problemas y conflictos.

Sección 5: Cooperación

Características de Desarollo

Los adolescentes mayores son capaces de equilibrar su individualidad con la cooperación y la competencia. Su comunicación con los adultos mejora a medida que avanzan en esta etapa. Muestran cooperación con mayor interés en la comunidad más grande.

Cómo aplicar esta información

Alentar las actividades que reflejen al individuo en situaciones cooperativas y competitivas. Hacer que los adolescentes mayores participen en la realización de planes de manera creativa.

Solicitar la guía de los adolescentes mayores para determinar las expectativas realistas y los límites, así como las consecuencias de muchas infracciones.

Ejemplos de Actividades

1. Formar grupos de adolescentes mayores para realizar búsquedas de objetos en la comunidad.
2. Alentar las actividades que aumentan la confianza, tal como recorrido con sogas.
3. Ofrecer actividades grupales tal es como un baile o excursiones que requieren la planificación y la organización; dividir las responsabilidades de planificación y coordinación entre los miembros del grupo.
4. Colocar a los adolescentes mayores en frente de los demás mediante su participación como tutores, ayudantes durante el entrenamiento, liderazgo de grupos, conversación con grupos comunitarios y mentores de niños pequeños.
5. Brindar oportunidades para la reflexión sobre los aportes individuales y la cooperación en las actividades grupales.

Sección 6: Roles y Reconocimiento

Características de Desarollo

Los adolescentes mayores están descubriendo y creando su identidad a medida que buscan definir su lugar en la sociedad. Están listos para liderar, tomar diferentes roles y probar que son capaces de trabajar como los adultos. Quieren reconocimiento y roles de adultos. Tienen un nivel de conciencia comunitaria y pueden comprometerse a seguir con el servicio. Están interesados en los viajes y las aventuras y comienzan a pensar en dejar el hogar para ir a la universidad, el empleo, el matrimonio y otras búsquedas.

Cómo aplicar esta información

Planear actividades que permitan a los adolescentes mayores intentar diferentes roles. Darles oportunidades para planear sus propios programas. Brindar guía y asesoramiento en lugar de directivas.

Enfatizar la educación posterior al nivel secundario, las opciones de carreras, la educación en cuanto al consumo y la administración económica. Introducir a los adolescentes a otros entornos a través de viajes y recorridos.

Ejemplos de Actividades

1. Ayudar a los adolescentes a planear e implementar un evento de recolección de fondos grupal y dejar que identifiquen los roles y las responsabilidades y el uso adecuado de los fondos. Evaluar los resultados con los participantes.
2. Ayudar a los adolescentes mayores a programar y asistir a la universidad y a recorridos de escuelas técnicas.

3. Alentar a los adolescentes mayores a participar en actividades que no están en el programa que desarrollan el liderazgo y otras habilidades para la vida.

4. Como incentivo, ofrezca viajes especiales con orientación social.

5. Comparta artículos nuevos sobre adolescentes que hayan ganado el reconocimiento del público por su liderazgo o actividades de servicio.

6. Ayudar a los adolescentes mayores a comprender el mercado laboral y apoyarlos en el trabajo del nivel de ingreso.

7. Organizar prácticas y experiencias de seguimiento.

CAPÍTULO 16

Apoyando el desarrollo emocional

El desarrollo emocional contempla las siguientes áreas:

Aceptación—grado de apego y aprobación de los demás

Autoevaluación—el proceso de análisis de pensamientos y emociones sobre uno mismo, lo que tiene como resultado la autoestima de una persona

Fracaso y conductas inapropiadas—no tener éxito en algo: desobediencia, conductas antisociales y comportamientos que no respetan los derechos de los demás ni su propiedad

El desarrollo emocional de los adolescentes durante la escuela secundaria (noveno a duodécimo grado) está caracterizado por los siguientes rasgos:

- lucha por la identidad, la autonomía y el respeto
- interés en la aceptación de los pares y la orientación de los adultos a medida que los valores y las creencias se desarrollan
- disminución de la baja autoestima, dificultad para controlar los impulsos, conducta agresiva y falta de sensibilidad ante la atención positiva

Lo que usted debe hacer con los adolescentes es alentarlos a apreciar su valor positivo. escúchelos y ayúdelos a evaluar sus problemas. Fomente valores como la integridad, la generosidad y la equidad. ayúdelos a analizar las consecuencias de las conductas riesgosas y lo que podría ocurrirles. Esté dispuesto a reconocer cuando usted se haya equivocado.

Sección 1: Aceptación

Características de Desarollo

Los adolescentes mayores luchan por su identidad, autonomía y respeto. Están desarrollando sus propios valores y creencias y tienen gran necesidad de elegir por ellos mismos. Están especialmente interesados en la validación de sus pares, aunque la aprobación y la guía de los padres y de otras figuras adultas aún son cruciales.

Cómo aplicar esta información

La guía de los adultos es útil. Estar dispuesto a equivocarse y reconocerlo con los adolescentes mayores. Este grupo no lo pondrá sobre un pedestal como lo harán los niños pequeños.

Aceptar a cada adolescente por lo que es; alentar el pensamiento y la toma de decisiones independientes. Dar oportunidades para debatir sobre la independencia recién descubierta, por ejemplo, a través del trabajo y el manejo. Debatir y establecer normas de conducta y sus consecuencias con los adolescentes mayores.

Ejemplos de Actividades

1. Crear un clima en el que los adolescentes mayores se sientan cómodos al expresar sus emociones.
2. Introducir escenarios de la vida real para que los adolescentes mayores escriban o hablen sobre cómo reaccionaría, luego debatir como grupo y proponer soluciones posibles.
3. Ayudar a los adolescentes mayores a visualizar su futuro hacienda preguntas sobre sus planes para la graduación de la escuela secundaria y en el futuro.
4. Aceptar el rango de sentimientos que los adolescentes pueden experimentar y ayudarlos a comprender que los sentimeientos

son naturales y normales. Sin embargo, observar los sentimientos o conductas extremos, dañinos o preocupantes y comunicar estas observaciones a los supervisores.

5. Alentar el desarrollo de las habilidades para tomar decisiones ofreciendo opciones.

Sección 2: Auto-Evaluación

Características de Desarollo

Los adolescentes mayores adquieren el sentido de la certeza y la aceptación de ellos mismos a medida que continúan buscando y desarrollando su identidad. Pueden continuar teniendo sentimientos de inferioridad e ineptitud. La autoestima se ve influenciada por ello y por su internalización del grado de aceptación por parte de los demás.

Cómo aplicar esta información

Desarrollar relaciones genuinas que permitan a los adolescentes mayores comprender tanto lo que los hace únicos como las similitudes que comparten con los demás.

Contrarrestar los sentimientos de inferioridad e ineptitud alentando a los adolescentes mayores a ver su valor positivo.

Ayudar a los adolescentes mayores a comprender que lo que les puede suceder a los demás como resultado de una conducta riesgosa también les puede suceder a ellos.

Crear un entorno abierto de aceptación que valore y acepte la singularidad de todos los adolescentes.

Ejemplos de Actividades

1. Alentar a los adolescentes mayores a hacer de tutores de sus pares así como a enseñar a un grupo de pares algún tema en el que se sobresalen
2. Crear oportunidades para que los adolescentes mayores exhiban sus fortalezas, en algún área del programa.

3. Dar oportunidades para que los adolescentes mayores se cuestionen a ellos mismos, reflexionen sobre sus experiencias y expresen sus sentimientos y filosofías.

4. Organizar actividades que permitan el riesgo controlado, tales como recorridos por sogas. Debatir sobre cómo los adolescentes pueden aplicar en sus vidas las lecciones que aprenden a través de estas actividades.

5. Permitir a los adolescentes mayores expresar su origen cultural dentro de actividades y mediante eventos especiales.

Sección 3: Fracaso y Conductas
Inapropiadas

Características de Desarollo

Los problemas anteriores de baja autoestima, poco control del impulso, conducta agresiva y falta de receptividad a la atención positiva que algunos adolescentes posiblemente hayan experimentado disminuyen a medida que avanzan en esta etapa para la mayoría de los adolescentes mayores. En el caso de los adolescentes problemáticos, estas conductas generalmente aumentan y conducen a consecuencias negativas para ellos y los demás.

Los adolescentes mayores necesitan y quieren que los guíen, aunque ellos tambien quieren ser tratados como adultos. La comunicación puede ser difícil y pueden exhibir conductas agresivas pasivas. Aceptarán fácilmente la guía de alguien que ellos aprecian mucho.

Cómo aplicar esta información

No usar el desprecio ni otras conductas "en la cara" con los adolescentes. No esperar que los adolescentes mayores cuenten todo, pero estar dispuesto a escucharlos y ayudarlos a evaluar sus problemas. Promover valores de integridad, generosidad e imparcialidad. Ofrecer guía sobre carreras y hacer uso de los recursos cuando pueda.

Ejemplos de Actividades

1. Dar oportunidades para que los adolescentes mayores vean y procesen las lecciones aprendidas tras un fracaso. Proyectar los eventos futuros en sus vidas y preguntarles cómo podrían usar el fracaso para trabajar hacia el éxito.
2. Programar con los adolescentes visitas a centros de ancianos para conversar y pasar tiempo con las personas de la tercera edad.

3. Planear actividades contra el acoso que los adolescentes mayores puedan compartir con los niños adolescentes y los niños más pequeños.

4. Pedir a los adolescentes mayores que ayuden a establecer las expectativas de conducta y las reglas del programa.

LO QUE VIENE

La guía Capacitación de Profesionales Idóneos en Desarrollo Juvenil brinda una base de información sólida para profesionales y voluntarios especializados en desarrollo infantil y juvenil. Es un punto de partida, no un punto de llegada. La cuestión es fomentar nuestra curiosidad y buscar información y recursos para lograr un crecimiento personal y profesional. una gran cantidad de medios adicionales pueden capacitarlo aún más. para acceder a una amplia gama de ellos, E-QYP, la aplicación móvil, organiza y ofrece cientos de recursos web clasificados por edades y por áreas de desarrollo.

Recursos

Cabe destacar que la lista de organizaciones y recursos web que se incluye en esta sección es representativa y no taxativa de los recursos disponibles para profesionales y voluntarios especializados en desarrollo juvenil e infantil. por cada uno de los recursos enumerados, podrían incluirse entre diez y veinte más como ejemplos de recursos de calidad.

En primer lugar, el gobierno federal proporciona recursos bien organizados de fácil acceso entre los que se incluyen:

- Kids.USA.gov, que ofrece una gran variedad de recursos y actividades para utilizar con niños y preadolescentes
- FindYouthInfo.gov, que contempla información y temas relacionados con los adolescentes
- LetsMove.gov, el primer sitio web de actividad física y salud femenina
- CDC.gov, con páginas web que incluyen actividades físicas y de desarrollo infantil

- GirlsHealth.gov, con información y recursos específicos para cada sexo
- NASA.gov, que ofrece recursos para educadores y estudiantes, incluidos el programa extracurricular *Afterschool Universe* y el *Lunar and Panetary Institute* [Instituto Lunar y Planetario]
- StopBullying.gov, que brinda un sitio para acceder a información y recursos federales relacionados con el acoso escolar

Además, los sitios web de las agencias federales brindan recursos que vale la pena explorar. usted puede suscribirse para recibir notificaciones automáticas a medida que se actualiza la información. le recomendamos visitar los siguientes sitios:

- ED.gov (departamento de educación de estados unidos)
- HHS.gov (departamento de salud y servicios humanos de estados unidos) y CDC.gov (Centros para el control y la prevención de enfermedades)
- Justice.gov (departamento de justicia de estados unidos), OJP. gov (programas de la Oficina de justicia), y OJJDP.gov (oficina de justicia para menores y prevención de la delincuencia)
- USDA.gov (departamento de agricultura de estados unidos) y CSREES.USDA.gov (instituto nacional de alimentos y agricultura)
- NationalService.gov (AmeriCorps)
- HUD.gov (departamento de vivienda y desarrollo urbano de estados unidos)

Todas las organizaciones nacionales sin fines de lucro con servicios directos locales brindan excelentes recursos e información. *National Collaboration for Youth* [colaboración nacional para la juventud] es un grupo de afinidad integrado por cincuenta organizaciones nacionales de desarrollo juvenil sin fines de lucro con miembros como 4-H; el ejército de salvación; la asociación americana de campamentos; y la red de educación gay, lesbiana y heterosexual (GLSEN, por sus siglas en inglés). Collab4Youth.org brinda un acceso sencillo a sus organizaciones miembro y actúa como una gran fuente de información, noticias y actualizaciones de políticas en materia de desarrollo infantil y juvenil. La alianza extracurricular (AfterschoolAlliance.org), con más de veinticinco mil socios de programas extracurriculares, ofrece recursos de apoyo, actividades, investigación y datos extracurriculares.

Para obtener datos y recursos sobre desarrollo infantil y juvenil, *search institute* (Search-Institute.org) y *Child Trends* (ChildTrends. org) son sitios muy útiles a los que usted puede suscribirse para recibir actualizaciones de datos, investigaciones y recursos.

Universidades y colegios proporcionan una gran cantidad de recursos e investigación sobre desarrollo infantil y juvenil. por ejemplo, *Wellesley College's Wellesley Center for Women* [Centro Wellesley para mujeres del colegio Wellesley] ofrece el *National Institute on Out-of-School Time* [Instituto Nacional de Programas Extracurriculares] (NIOST. org), que tiende un puente entre la educación y el desarrollo juvenil. el proyecto de investigación de familia de Harvard (HFRP.org) de la escuela de educación de grado de Harvard brinda publicaciones e investigación extracurricular. La universidad de Oklahoma opera el centro nacional de recursos para el desarrollo juvenil con recursos referidos a la juventud en prácticas extracurriculares y situaciones de riesgo. el colegio de salud, educación y desarrollo humano de la universidad Clemson ofrece un innovador título de grado de aprendizaje a distancia en liderazgo de desarrollo juvenil (Clemson.edu/HEHD/departments/YouthDevelopment).

Cada estado tiene una universidad establecida en tierras concedidas por el gobierno que forma parte del sistema de extensión cooperativa nacional (CSREES.USDA.gov/Extension). Cada una de ellas brinda información basada en la investigación sobre jóvenes, así como también una amplia gama de otros temas, y puede contactarlo con una oficina de extensión cooperativa local.

Los sitios web de las agencias estatales pueden brindar información y recursos útiles. los sitios web de los gobiernos locales y de los condados compartirán recursos específicos para la comunidad, mientras que los sitios web de la cámara de comercio, la fundación *United Way* y otros sitios de colaboración local ofrecen información valiosa sobre programas, iniciativas y actividades a nivel local.

Cada estado debe cumplir con requisitos de licencia (y autorizaciones) para programas extracurriculares dedicados a niños desde seis años hasta adolescentes de 18 años. Explore el sitio web de su estado para obtener información sobre normas y requisitos de licencia y una lista de proveedores autorizados.

Las organizaciones que proporcionan reconocimiento y normas de acreditación nacional incluyen las siguientes: *Council on Accreditation for afterschool services* [Consejo de Acreditación para Servicios Extracurriculares] (COAnet.org/programs) y CARF International (CARF.org).

Las iglesias llegan en conjunto a una gran cantidad de niños y adolescentes con sus programas y servicios. muchas denominaciones cuentan con información y recursos valiosos disponibles. Consulte a un ministro de los jóvenes o a un coordinador de programas para identificar los recursos disponibles. además, busque en diversas denominaciones y religiones para encontrar más recursos.

Una vez más, cabe destacar que la lista que se incluye en esta sección no está destinada a ser taxativa. Se ofrece para motivar una búsqueda más exhaustiva y una mayor participación en materia de desarrollo infantil y juvenil.

Únase a la comunidad E-QYP

Más allá de estos y muchos más recursos de calidad sobre desarrollo infantil y juvenil, E-QYP desea continuar en contacto con usted. como por ejemplo a través de Facebook en E-QYP y Twitter en @EQYPro. Únase a nuestra comunidad y al foro E-QYP.net. comparta recursos e ideas adicionales para E-QYP e interactúe con otros profesionales y voluntarios especializados en desarrollo infantil y juvenil. presente su solicitud para convertirse en embajador de E-QYP y ayúdenos a divulgar la información sobre E-QYP a sus compañeros voluntarios, colegas y organizaciones en su comunidad. Capacítese, capacite a su organización y a su comunidad.

EPÍLOGO

de William H. Quinn, PhD, y Bob Barcelona, PhD

Durante las últimas dos décadas, el campo del desarrollo juvenil ha dejado intencionalmente de centrarse en programas relacionados con un único tema que contemplan problemas conductuales para poner su atención en estrategias más integrales basadas en un marco de referencia centrado en las aptitudes y recursos de los adolescentes. En un meta-análisis de dos décadas de investigación, se descubrió que sólo el 19 por ciento de los estudios publicados en todas las mejores revistas sobre adolescencia contaban con un enfoque positivo sobre el desarrollo juvenil.[1] sin embargo, si bien la universidad Clemson, entre algunas otras instituciones de educación superior, ofrece títulos de grado y posgrado en desarrollo juvenil, muy pocos programas con titulación ubican la disciplina del desarrollo juvenil como fundamento clave. Aunque la tradición de buscar preparación académica para una carrera en apoyo y provisión de programas para niños y adolescentes continúa, con la disponibilidad de programas de grado de trabajo social, psicología, asesoría y servicios humanos, el crecimiento del campo del desarrollo juvenil puede requerir un enfoque no tradicional para preparar de manera eficaz cantidades suficientes de líderes de la juventud para cumplir con los desafíos a los que nos enfrentamos. En general, las organizaciones al servicio de los jóvenes deben contratar a profesionales capacitados en los programas académicos tradicionales para implementar sus servicios y programas. Así, los enfoques clínicos o basados en el déficit para prestar servicios a los adolescentes se reflejan de manera significativa

---

[1]. R. J. Barcelona and W. H. Quinn, "Trends in Youth Development Research Topics: An Integrative Review of Positive Youth Development Research Published in Selected Journals between 2001–2010." *Journal of Youth Development* 6, no. 3 (2011): 2–39.

en estas organizaciones, con una representación mínima de estrategias que fomenten intencionalmente el perfeccionamiento de las aptitudes o habilidades de desarrollo.

Los desafíos que enfrentan las comunidades de brindarles recursos y oportunidades de crecimiento a los jóvenes nunca han sido mayores dado el incremento de los factores de riesgo. En un artículo reciente que documenta el informe del 2013 Kids Count, Sue Williams, directora ejecutiva de la organización *Children's Trust of South Carolina*, afirma que, "cuando las familias luchan, al igual que muchos de nosotros en este preciso instante, las comunidades necesitan ser fuertes para ayudarlas a brindarles a los niños lo que necesitan para crecer y convertirse en ciudadanos productivos." un análisis de datos reciente sobre los riesgos corrobora el desafío al que nos enfrentamos. Por ejemplo,

- 1,5 millones de adolescentes estadounidenses de entre dieciséis y diecinueve años de edad no asisten a clase ni trabajan;
- más de 5 millones de adolescentes de entre dieciocho y veinticuatro años de edad no asisten a la escuela, no trabajan y no tienen ningún título universitario;
- el 70 por ciento de los estudiantes se encuentra "por debajo del nivel académico esperado" en ciencias en octavo grado;
- el 66 por ciento se encuentra "por debajo del nivel académico esperado" en matemáticas en octavo grado;
- casi 10 millones (15 por ciento) de los niños de entre dos y diecisiete años de edad padecen una o más enfermedades evolutivas, conductuales o emocionales;
- 1,75 millones (7 por ciento) de adolescentes de entre doce y diecisiete años de edad abusaron del alcohol o las drogas en el último año;
- más de 7 millones de niños (10 por ciento) viven en un hogar donde al menos uno de sus padres está desempleado;
- el 32 por ciento de los niños viven en familias donde ninguno de los padres cuenta con un empleo anual a tiempo completo, lo

que tiene como resultado una gran cantidad de posibles desafíos evolutivos para los jóvenes;

- 5 millones (12 por ciento) de jóvenes de entre veinticinco y treinta y cuatro años de edad no poseen un título secundario y 20 millones (48 por ciento) tienen únicamente un título secundario;

- 16,7 millones (22 por ciento) de niños viven en hogares donde falta el alimento en algún momento del año; y 10,5 millones (14 por ciento) viven en hacinamientos (lo que se define como niños menores de dieciocho años que viven en hogares con más de una persona por habitación).[2]

Las enormes exigencias impuestas a los profesionales y padres para reducir significativamente la proporción de adolescentes en estas circunstancias o déficits hacen que el desafío sea imposible de superar. No hay forma de que ni siquiera los profesionales especializados en servicios humanos que cuentan con capacitación académica sean capaces de influir sobre una población joven considerable dados los altos índices de jóvenes en situación de riesgo y las limitaciones económicas que hacen imposible la prestación de servicios profesionales, como el asesoramiento a una cantidad razonable de estos jóvenes. en lugar de considerar a estos niños y adolescentes como un problema que debe resolverse, las comunidades deben centrarse en considerarlos como capaces de sacar provecho de ciertos recursos, como la participación de los adultos; diversas oportunidades seguras, relevantes y desafiantes; y entornos que fomentan las aptitudes de liderazgo y las relaciones sociales saludables. Asimismo, una sociedad viva y sostenible tiene la obligación ética de crear entornos que preparen a los jóvenes miembros de sus comunidades para alcanzar su potencial.

---

[2] The Annie E. Casey Foundation, "Kids Count: 2013 Data Book," http://datacenter.kidscount.org/files/2013KIDSCOUNTDataBook.pdf.

Muchas comunidades disponen de una cantidad insuficiente de adultos que puedan ejercer su influencia sobre los adolescentes para que ellos puedan alcanzar su potencial. Las dificultades económicas y la escasez de recursos, las familias disfuncionales, las tensiones estructurales y la falta de oportunidades educativas limitan la participación de los adultos en el desarrollo infantil y juvenil. En muchas comunidades, los adultos cuentan con buenas intenciones pero carecen de conocimientos para crear oportunidades para los adolescentes. Estos adultos pueden tener el deseo de participar para promover el desarrollo juvenil positivo en organizaciones religiosas, el mundo de las artes, los deportes o en organizaciones extracurriculares. Sin embargo, estos adultos necesitan los conocimientos para explotar al máximo las oportunidades de crear entornos donde los adolescentes puedan prosperar. Valoran a los niños, pero desconocen las actividades o los programas que pueden crearse para fomentar el éxito del desarrollo. Pueden tener acceso a instalaciones seguras para adolescentes, pero incertidumbres acerca de cómo utilizar esos espacios. Asimismo, pueden desconocer la forma de aprovechar al máximo el tiempo de participación de los jóvenes en esos espacios. Pueden ser capaces de "mantener las cosas en marcha", pero no saben cómo utilizar un juego para ayudar a los jóvenes a perfeccionar una habilidad, organizar un equipo con roles de liderazgo, ni forjar relaciones sociales entre diversos pares.

El mundo tecnológico actual brinda la oportunidad de cerrar la brecha que existe entre la relativa escasez de programas de capacitación académica para profesionales que buscan desarrollarse para convertirse en líderes especializados en desarrollo juvenil y las exigencias actuales impuestas a las familias, escuelas y comunidades de brindar liderazgo para promover el bienestar de los jóvenes y prepararlos con éxito para la vida adulta. La tecnología ayuda a conectar el mundo de maneras impensadas. De acuerdo con encuestas recientes realizadas por el centro de investigación Pew, el 91 por ciento de los estadounidenses utiliza un teléfono celular y por lo menos el 56 por ciento tiene un teléfono inteligente.[3] El informe de datos de mercado y tráfico de Ericsson prevé que el tráfico global de datos móviles habrá crecido quince veces más para el año 2017.[4] La cantidad de puntos de acceso a la red inalámbrica (Wi-Fi) se habrá triplicado para el año 2015.[5]

La guía capacitación de profesionales idóneos en desarrollo juvenil ha ocupado la brecha entre las necesidades de los jóvenes y la carencia de líderes capacitados en desarrollo juvenil que puedan promover de manera estratégica comunidades sólidas centradas en la juventud. E-QYP ofrece contenidos sencillos en todo momento en que los adultos los requieran para comprender a los jóvenes al brindarles oportunidades apropiadas para utilizar dispositivos portátiles y software basado en la informática. Al utilizar un teléfono inteligente o una tableta, los adultos que están en contacto con adolescentes, ya sea como voluntarios, profesionales o padres, pueden recibir orientación por contenidos que aumentarán la probabilidad de que las interacciones con los niños y adolescentes tengan un resultado intencional con un objetivo marcado. El enfoque de E-QYP brinda información sobre desarrollo infantil y juvenil en el ámbito cognitivo, físico, social y emocional.

este acceso a la teoría del desarrollo juvenil es en especial importante para los adultos que ocupan cargos influyentes en los ámbitos en que se mueven los niños y los adolescentes, pero que carecen de la educación formal que constituye la base de las normas de decisión que conforman los laboratorios de aprendizaje. Por ejemplo, los contenidos de E-QYP ofrecen un modelo de comprensión de los procesos cognitivos únicos de los niños a diferentes edades. ¿En qué se diferencian cualitativamente

---

3. Smith, Aaron. "Smartphone Ownership—2013 Update." June 5, 2103. http://pewinternet.org/~/media//Files/Reports/2013/PIP_Smartphone_adoption_2013_PDF.pdf.

4. Ericsson, "Traffic and Market Report." June 2012, http://www.ericsson.com/res/docs/2012/traffic_and_market_report_june_2012.pdf.

5. Wireless Broadband Alliance, "Global Developments in Public WiFi," November 2011, http://www.wballiance.com/resource-centre/global-developments-wifi-report.html.

los procesos cognitivos de un niño de diez años de los de un adolescente de trece o dieciséis años? ¿Cuáles son los desafíos emocionales únicos de los preadolescentes a diferencia de los de los adolescentes? ¿Qué procesos de crecimiento físico podrían estar desarrollándose para los niños y las niñas de doce y trece años? ¿Qué sensibilidades existen para un adolescente que se siente socialmente marginado? o, ¿qué orientación puede ofrecérseles a los profesionales que trabajan con adolescentes muy dominantes a los que les cuesta adaptarse a formar parte de un equipo? los desafíos y las oportunidades de facilitar con éxito el desarrollo juvenil son muchas y variadas. Es esencial que los líderes de los jóvenes tengan acceso a los conocimientos teóricos disponibles sobre desarrollo juvenil para brindarles experiencias eficaces e impactantes.

La guía capacitación de profesionales idóneos en desarrollo juvenil y la aplicación E-QYP brindan contenidos que permiten ampliar los conocimientos de los adultos que trabajan para fomentar el desarrollo juvenil positivo. El libro y la aplicación ofrecen, además, contenidos relacionados con cómo aplicar esos conocimientos a entornos adolescentes. Los ejemplos de actividades proporcionan información práctica para guiar la implementación de actividades estructuradas. Por último, los recursos disponibles en la web para profesionales que trabajan con adolescentes brindan oportunidades de incorporar intereses creativos y necesidades únicas. Si bien E-QYP puede ser una guía de recursos para profesionales que trabajan al servicio de la juventud, también puede utilizarse como recurso complementario de un curso académico sobre desarrollo juvenil en la escuela o en la universidad.

El uso que hacen los profesionales especializados en desarrollo juvenil de la tecnología de los teléfonos inteligentes va más allá de la adquisición de conocimientos. Esta tecnología es el lenguaje de los jóvenes. Así, los profesionales que trabajan con ellos y que utilizan a diario la tecnología E-QYP pueden comunicarse de manera más eficaz y crear experiencias más relevantes para los adolescentes. La comprensión y utilización de la tecnología se ha vuelto un requisito laboral para los jóvenes profesionales.

William H. Quinn, PhD, es profesor y coordinador de programas de desarrollo juvenil para el colegio de salud, educación y desarrollo humano; universidad Clemson; Clemson, carolina del sur.

Bob Barcelona, PhD, es profesor adjunto en el departamento de administración de parques, recreación y turismo; universidad de Clemson; Clemson, carolina del sur.

E-QYP también se encuentra disponible como
aplicación para iPad/iPhone en Apple App Store.

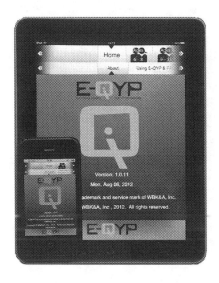

Para unirse al foro de E-QYP, conéctese y síganos en:

Facebook: www.facebook.com/EQYPro
Twitter: @EQYPro
Sitio Web: www.E-QYP.net

ACERCA DEL AUTOR

William B. Kearney tiene treinta y seis años de experiencia en materia de servicios humanos, con principal énfasis en los servicios infantiles y juveniles. Ha trabajado en entidades del gobierno, organizaciones sin fines de lucro y en empresas.

Como copropietario de WBKEARNEY & Associates desde el año 2001, Bill les presta una amplia gama de servicios de planificación, gestión, capacitación y asistencia técnica a agencias federales; gobiernos tribales y prestadores de servicios y autoridades políticas a nivel nacional, estatal y local. les ha brindado apoyo a sus clientes en diversos temas, como justicia para menores, protección infantil, seguridad educativa, niños perdidos y explotados, tráfico ilegal de personas, empresas recientes y gestiones sin fines de lucro, y desarrollo juvenil. Está dotado de gran experiencia como moderador en reuniones, profesional especializado en evaluación de programas juveniles y proveedor de asistencia técnica y ha trabajado con una amplia gama de grupos para abordar desafíos e instrucciones estratégicas. Bill es autor y creador de E-QYP, la primera aplicación para iPhone/iPad destinada a profesionales y voluntarios especializados en desarrollo infantil y juvenil.

Bill Kearney posee una maestría en administración pública de *Rockefeller College of Public Affairs and Policy* [Universidad Rockefeller de Asuntos Públicos y Política], universidad de Albany, universidad estatal de nueva york, y una licenciatura en seguridad pública de la universidad de Scranton.